"中国劳模"系列丛书

U0723616

中国劳模

火箭"心脏"焊接人
高凤林

董恒波◎著

吉林出版集团股份有限公司
全国百佳图书出版单位

图书在版编目（CIP）数据

火箭"心脏"焊接人：高凤林 / 董恒波著. -- 长春：吉林出版集团股份有限公司，2024.3

（"中国劳模"系列丛书 / 徐强主编）

ISBN 978-7-5731-4136-1

Ⅰ.①火… Ⅱ.①董… Ⅲ.①高凤林－传记 Ⅳ.①K828.1

中国国家版本馆CIP数据核字（2023）第159067号

HUOJIAN "XINZANG" HANJIE REN: GAO FENGLIN

火箭"心脏"焊接人：高凤林

出 版 人　于　强
主　　编　徐　强
著　　者　董恒波
组稿统筹　东北师范大学文学院创意写作研究中心
责任编辑　王丽媛　宫志伟
装帧设计　刘美丽

出　　版　吉林出版集团股份有限公司
发　　行　吉林出版集团社科图书有限公司
地　　址　吉林省长春市南关区福祉大路5788号　邮编：130118
印　　刷　唐山富达印务有限公司
电　　话　0431-81629711（总编办）
抖 音 号　吉林出版集团社科图书有限公司　37009026326

开　　本　710 mm×1000 mm　1 / 16
印　　张　10.5
字　　数　100 千字
版　　次　2024 年 3 月第 1 版
印　　次　2024 年 3 月第 1 次印刷

书　　号　ISBN 978-7-5731-4136-1
定　　价　50.00 元

如有印装质量问题，请与市场营销中心联系调换。0431-81629729

序 言

　　新中国成立以来，党和国家先后召开了16次全国劳动模范和先进工作者表彰大会，表彰数超过3万人次。这是对广大劳动模范和先进工作者辛勤劳动的褒奖，体现了党和人民对劳动的崇尚、对劳动者的敬重。我和高凤林有幸被评为全国劳动模范，我们都是从最基础的技术岗位做起来的，我们有一个共同的特点，那就是都对自己的工作充满了热爱，都在工作中是"一根筋"，遇到难题不解决不肯罢休，都能从失败中学习，从挫折中反思，克服困难，练就解决关键技术难题的绝活儿。

　　我和凤林身处不同的行业，在不同的城市工作，我在青岛，凤林在北京。我担任全国总工会兼职副主席后，因为工作关系和劳模接触比较多，凤林被评为全国劳模后，我们共同参加过很多活动，增进了对彼此的了解，成了很好的朋友。2019年9月25日，我和凤林一起获得了"最美奋斗者"荣誉称号；2020年9月，我和凤林，还有巨晓林、李万君等大国工匠一起被聘任为中国劳动关系学院劳模学院客座教授；我和凤林还多次一起参加年轻工人和青年学生为听众的报告会，我给他们做报告时经常用凤林的事迹来激励他们。今天欣闻写凤林的书要出版，我有幸先睹为快。通过凤林的成长、奋斗故事，我对他又有了更深刻的了解。凤林的故事，对于年轻人的成长是很好的学习素材，比我讲的凤林的事迹更全面、更生动、更有感染力。通过凤林的故事，我才知道，凤林曾多次负伤，他的鼻子缝过针，头部也受过伤——经过三次手术才把里面的异物取出来，而胳膊里黄豆大的铁屑由于贴近骨头至今无法取出。凤林为国家航天事业做出了突出贡献，他是航天特种熔融焊接工，为我国多发火箭焊接过"心脏"，曾解决焊接"疑难杂症"300多项。为了解决技术难题，他多次到高校进修。为了赶工程进度，他连续工作顾不上回家也是常有的事情。火箭上焊接一个点允许的时间误差不超过0.1秒，为了不放过这"一眨眼"的工夫，凤林硬是练就了"10分钟不眨眼"的绝技！……从凤林的这些事迹里面，我们能够看到劳模精神、劳动精神和工匠精神的生动诠释。

我和凤林在一起的时候，谈论最多的就是如何培养年轻一代，如何帮助年轻人超越我们，为国家做出更大的贡献。我们是在老一辈劳模和先进人物的优秀品质和精神力量的感召激励下成长起来的。我们更希望能将自己传承的老一辈精神、积累的经验和研究成果，转化为年轻人创新创造的基石，帮助他们有更多的创造、更大的作为，推动我国的技术创新和产业升级更上一层楼。希望更多的年轻人读凤林的故事，自觉把人生理想融入国家富强、民族振兴、人民幸福的伟大事业中，拥有更有意义的人生；希望他们勤学苦练、刻苦钻研、勇于创新，不断提高技术技能水平，为推动高质量发展、实施制造强国战略、全面建设社会主义现代化国家贡献智慧和力量。

许振超

2024年1月1日

许振超 全国五一劳动奖章获得者，全国劳动模范，全国优秀共产党员，改革先锋，最美奋斗者，2009年当选"100位新中国成立以来感动中国人物"。中华全国总工会原副主席(兼职)，曾任青岛前湾集装箱码头有限责任公司固机高级经理。

亲爱的读者朋友，当你仰望星空，是否会联想到，许多由中国人制造的火箭、发射的神舟系列飞船正飞行在浩渺的太空，将中华民族的自豪写在茫茫宇宙中。许多航天员、科学家的名字，我们都会脱口而出。是的，是他们用无私奉献的家国情怀照亮了祖国的航天事业。

今天，这本书里的主人公并不是驾驶神舟飞船遨游太空的航天员，也不是学识渊博、上下求索的科学家，但他是与航天员和科学家一样令人尊敬的时代楷模，是一位既普普通通又贡献卓越的大国工匠。

他叫高凤林。

他是中国航天科技集团有限公司第一研究院211厂14车间的特种熔融焊接工。我们看到的那些飞向太空的航天器，它们的关键部位——发动机，很多都是由他焊接的。正因为有他的精湛技艺，才有那些质量达几百吨的金属容器，如轻盈的鸟儿般在天空中飞翔。他被誉为焊接火箭"心脏"的"中国第一人"。熟识他的工人朋友，更愿意幽默地称他为中国焊接领域的"焊武帝"。

每当聊起高凤林时，工友们都会竖着大拇指说，他的技术就是咱们中国焊接界的"天花板"，他几十年如一日只干了一件事：焊接火箭发动机。

看到这里，你是不是也觉得高凤林真是一个传奇式的人物？

那就请你继续翻看这本书，和我们一起走进高凤林的焊接世界，看一看大师是怎样"炼"成的。

目　录

第一章 润物无声的家风

童年的馒头

1962年春，北京。

3月的风，吹跑了凛冽的寒冬，将温暖的春天送过了高高的八达岭长城，送到了长安街，送进了紫禁城。颐和园里的玉兰花悄悄地开了，用她积攒了一个冬天的能量，向着天空绽放出美丽的笑容。

从北京南苑一处普通的民居里，传出一阵婴儿的啼哭声。"哇——哇——"响亮的声音像鸟鸣般打破了胡同的寂静。

"哈哈，又是一个大胖小子！"接生婆抱着刚出生的孩子说。

这个大胖小子就是高凤林。

但是，他的出生并没有给这个家带来多少惊喜，反而增加了不小的压力。原因是，在高凤林之前，高家已经有三个孩子了，且都是男孩儿。本以为第四个孩子会换一换性别，高家多么希望能有一个女儿啊。可是老天爷还是像开玩笑似的，让高家专门添小子，不来丫头。那时正赶上食物短缺，吃不饱肚子是常有的事情。高家六口人，四个男孩儿，又都在长身体，仅靠供应粮吃饭，窘迫程度可想而知。

高凤林出生仅四十天，就被送去了幼儿园。

出生才一个多月的婴儿，正需要母乳喂养，怎么能离开母亲的呵护？父母把刚满月没多少天的小凤林送去幼儿园，完全是出于无奈。原因只有一个：父母都要出去工作，要挣钱，要养家，"让一家人吃饱饭"才是硬道理。可想而知，高凤林的父母当年是多么坚强，又是多么不容易。以至于时至今日，已年过花甲的高凤林每每回忆起那段往事，眼睛里依然会浸满泪水。

其实，那时才一个多月大的高凤林是没有多少记忆的，当年的一些情景都是后来母亲告诉他的。其中有一个小细节，深深地印刻在了他的脑海中：

当时在幼儿园，高凤林是唯一没有"入伙"的孩子。

这里的"入伙"是指向幼儿园交伙食费。原本吃饭交钱，天经地义。可那区区几块钱对高家来说，也是一笔不小的开支，他们是真的拿不出来。那就不入伙吧。可不入伙孩子也要吃饭呀，于是，家人就在家里做好饭，给高凤林带到幼儿园去。

高凤林的童年，没有玩具，没有课外书，他记忆中最有趣味的事，是跟着哥哥到菜市场去拾菜叶。哥哥在前面挎着筐子，他跟在后面，捡拾人家卖菜时丢掉的菜叶，然后拿回家里用水清洗干净。妈妈会把这些菜叶掺上糠面，熬成一大锅糠菜粥。

菜叶和糠面在锅里翻滚，散发出浓浓的香味。全家六口人一人一大碗，就着咸菜喝糠菜粥的画面，一直深深地印在高凤林的记忆中。

那个年代，他们家的日子过得很拮据，高凤林几乎没有穿过新衣服，他上面有三个哥哥，哥哥会把穿小的衣服传给弟弟，老大传老二、老二传老三……待传到老四高凤林时，那些衣服上的一个个补丁都已经有了清晰的年代感。

高凤林的童年，虽然写满了清苦，但也写下了刚强。他的人生第一课，就是学习要为家庭着想，要为父母分忧。

上幼儿园时，高凤林的午饭常常是从家里带去的一个玉米面窝头。一个这样的窝头，已经是家里最高的伙食标准了。他从来没有和母亲抱怨过，他知道，妈妈和哥哥们吃的午饭就是一碗带菜的粥，所以能吃上这样的窝头，他已经很满足了。

有时，小凤林也会偷偷观察幼儿园里其他小朋友们的午饭，幼儿园给小朋友们提供的伙食要比他带的好得多。比如，午饭时会有白面馒头，还有鸡蛋。那天，他从幼儿园回家，妈妈问他小朋友们中午都吃什么了。他说吃白面馒头了。妈妈问，馒头比窝头好吃吧？他点了点头后又马上摇了摇头，他是怕妈妈着急上火，赶紧说自己的玉米面窝头也很好吃。

多年以后，高凤林还清楚地记得，妈妈有一天给他带幼儿园午饭时，特意嘱咐他说："饭盒里有半个白面馒头，还有一块酱豆腐……"

白面馒头配酱豆腐，是高凤林童年时最美味的大餐，那难忘的滋味远胜任何山珍海味。

在艰苦的生活环境中成长起来的高凤林，比别人家的孩子更早地认识了生活。

他是一个勤快的孩子，他的勤快源于内心，挑水、和煤球、上街买菜……他的眼里总是有活儿。同时，他还勤于动脑筋，喜欢观察，喜欢琢磨事情，有着强烈的好奇心。

母亲蒸馒头，他在一旁看。馒头可不是经常能吃到的，偶尔一顿，就是改善生活了。

"妈妈，你和的这个面，本来是硬硬的，怎么上锅一蒸，就变得又白又暄腾呢？你往面里放了什么东西？"

"做馒头，和好的面需要发酵，然后还要放少量的盐。面团发酵以后还要放面碱。"

"放多少面碱呢？"

"这要看有多少面，还要看面发酵的情况。放多了呢，面会变黄；放少了，面就会变酸，吃起来口感不好。"

"哦，我懂了。"

看过妈妈蒸了几次馒头后，从和面，到发酵，再到掺面碱，高凤林把全部流程都记在了心里。还没有上小学的高凤林，突然有一天向母亲提出了一个请求。

"妈妈，我想自己独立做一次馒头。"

这是高凤林人生中第一次郑重的挑战。

妈妈没有拒绝他，而是用信任的目光瞅着自己的儿子："你真的会蒸馒头吗？"

"我已经看过您做了，您就让我试一次吧！"

和面，发酵，使碱，上蒸锅，计时，出锅……馒头蒸好了。掀开锅的那一刻，一个个又白又暄腾的大馒头，让母亲和哥哥们的眼里都闪着兴奋的光芒。

学会蒸馒头这件事带给了高凤林极大的鼓励，他像完成了一件伟大的作品，欣赏着自己的劳动成果。

尽管这个世界上还有很多的事情他都不懂，但是，从童年时起，他就明白了一个道理：遇到事情，要勤动脑、多琢磨，才能找出门道来。

宝剑锋从磨砺出，梅花香自苦寒来。

就是在那样困苦的环境中，高凤林逐渐养成了忠厚、朴实、勤劳、善良、勇敢、坚毅的品性。

而母亲常说的三句话也深深地影响着高凤林的一生，并成为他永不放弃的座右铭：

　　　　人穷志不短，从小立大志；

　　　　做好人，不要让人戳脊梁骨；

　　　　做事情要做好，做到让人竖大拇指。

朴实的家教塑造了高凤林坚毅、执着的性格。

了不起的父亲

在高凤林五岁那年，家里发生了一件天大的事情：他的父亲不幸因病去世了。

父亲是家里的顶梁柱，父亲的病故就是家里的天塌了。

高家兄弟四人年纪尚小，全家的经济来源只剩母亲在食品加工厂上班的微薄收入。母亲很坚强，她一个人承担起生活中所有的重担，省吃俭用地养活着一家五口。

高凤林对父亲的记忆并不清晰，他是后来才一点点知道了父亲的故事。

高凤林的父亲是一个了不起的人，他的一生充满了传奇色彩。

高凤林的父亲祖籍在河北沧州的吴桥，这里有"武术之乡""杂技之乡"的美誉。燕赵大地，慷慨悲歌，这里独特的山水地貌，塑造了幽燕豪杰特有的硬汉性格。当时正值少年的高父只身闯荡北京，颇有一身侠义风骨。他随身挎着一把刀，背着一柄剑，仿佛一个左牵黄右擎苍、弯弓射天狼的少年英雄。据说，上溯到高凤林的爷爷那辈，个个武艺高强，行侠仗义，还曾有过开镖局的经历。开镖局、走镖、押镖可绝非易事，做这事的人真都得是身怀绝技的武林高手，或飞檐走壁、踏雪无痕，或百步穿杨、万夫莫敌。

1919年，轰轰烈烈的新文化运动，开启民智，救亡图存，唤醒了无数沉睡中的新青年。高凤林的父亲穿过高高的西直门城楼，走进北京城的那一年，正是1921年。就是在这一年的夏天，嘉兴南湖的一艘红船上，十几位来自全国各地的有识青年，宣誓要创造一个新世界。

挎刀背剑闯北京的高父，在自己的人生道路上很快就更弦易辙了，不再梦想仗剑闯江湖，而是开始悬梁刺股地学习起了"德先生"和"赛先生"①。

从那一年开始，高凤林的父亲刻苦读书，从高小一直读到了燕京大学。大学里美丽的未名湖、博雅塔，开阔了他的视野。他逐渐找到了自己坚定的信仰。

时间到了1927年，这一年的4月发生了一个重大的事件：国民党叛变革命，开始与共产党为敌，在4月12日这天，开始了惨绝人寰的大屠杀。一时间，血雨腥风，民不聊生。"宁可错杀一千，不能放过一个"的妖风，吹向了所有的共产党人和进步学生。

有人告密说高凤林的父亲也是共产党员。

关键时刻，有人伸出了援手："赶紧跑吧，留得青山在，不怕没柴烧，这书咱就先别念了！"

于是，高凤林的父亲从燕京大学的西门跑了出去，先是到了畅春园、颐和园，往北，就到了八达岭，再往北就到了燕山。几天来缺吃少喝，劳顿奔波，高父实在跑不动了，两条腿沉得像灌了铅，他想找个地方躺下休息一会儿，可又怕追兵赶上来。

好在天无绝人之路。就在这个紧要关头，他找到了一匹马，骑着马跑吧！

高父骑着这匹马在深山里跑着，马跑得真快，跨沟越壑，像飞一样。过了这个山头，他就要来到行程的目的地了，那里将有人来接应他。

---

① "德先生"和"赛先生"指民主（Democracy）和科学（Science）。

可是，就在眼看着前方出现友人向他招手的时候，悲剧发生了。

也许是几天来高父的身体透支到了极限，在一个拐角处，他眼前一黑，从马背上重重地摔了下来，头磕在一块石头上，鲜血顺着前额往下滴淌着。整整三天三夜，他都处在昏迷的状态中，让围在他身边的人都以为回天无力，他再也不会醒来了呢。

幸运的是，高凤林的父亲只是摸了一下阎王爷的鼻子，三天后，他奇迹般地醒了过来。

高凤林的父亲在燕北沙漠的村落里落了脚。他给别人打工，无论是当长工，还是当短工，都做得有模有样，除了诚实能干外，还有一个重要的因素，就是他有文化，写写算算都驾轻就熟。人必须有本领，有真才实学，这样才能对别人有用，这个朴素的道理后来高家人一直谨记着。当地有一家做买卖的人，缺个算账的，高凤林的父亲就主动帮忙，去当账房先生，把人家的账理得井井有条。人家很感谢，送给了他好多东西，什么花瓷碗、大花瓶、线装书等。书里也不乏名著，《水浒传》《三国演义》《红楼梦》……这些书给了高家子弟最初的精神营养。后来，这些宝贝高家一直保留到20世纪60年代。

关于父亲，高家人有说不尽的话。很多年以后，高凤林和他的亲人们无数次地回忆起父亲当年从马背上摔下来的情景，做出了一个比较理性的分析：那次摔倒使父亲的脑中已经有了瘀血，但因当时的医疗条件限制，医院既无法检出，更无法治疗，好在人还年轻，能挺住。但是，病根却就此埋下了。

转眼，三十多年过去了。

1962年，就在高凤林出生后不久，父亲的病像一座休眠的火山，最终喷发。最先出现的症状是头晕、头痛、恶心、呕吐，接下来更大的打击是视力异常，行走不稳，大小便失禁。到医院检查，结论是脑瘤。

当时没有什么特效药，家里也没有钱，父亲只能回家慢慢休养。

那是一个极其艰苦的年代，高凤林的父亲瘫痪在床四年多。

1967年，高凤林五岁的时候，父亲带着对家人深深的眷恋撒手人寰。

高凤林的父亲没有给子女留下丰厚的家产，却留下了无形的"无价之宝"，那究竟是什么"无价之宝"呢？

"虽然我五岁的时候父亲就不在了，但就像我母亲留给我的影响了我一生的三句话一样，父亲对我的影响也不可替代。"高凤林每每提到这些，眼中总是充满了坚定。

是的，父亲对儿子的影响是融入基因、血脉的，在高凤林一生的成长之中，在他每一个前进的脚印里，都能寻到父爱的印迹。父亲给儿子的"无价之宝"，就是良好家风，是面对困难百折不挠的追求，是对知识的渴望，是宽阔的胸怀和无私奉献的品格。是了不起的父亲，给了高凤林了不起的人生高度。

与人为善，热心助人，勤奋学习……高家润物无声的良好家风，在一代又一代子女的血液中悄悄流淌着。很多年以后，高凤林在建设211厂企业文化，为"高凤林班组"选择一句话作为"班组价值观"的时候，提出了八个字：

"心想人人，我为人人。"

煤球好吃吗

高凤林读小学的时候，恰是在20世纪的60年代。老百姓家的生活水平普遍不高，高家尤甚。那时候还没有普及义务教育，上小学是需要缴纳学费的。当时，在高凤林就读的小学，一个学期的学费是两块五毛钱。

今天，两块五毛钱或许只能买一根普通的雪糕，可在当时，这笔钱对高家来说着实是一笔不小的开销。那个时候，一个普通工人一个月的收入也不过三四十块钱。那时候的高家，一分钱更是要掰成两半花，尽管生活中已经处处精打细算，但也难免入不敷出，捉襟见肘。

一个学期两块五毛钱的学费交不上怎么办？当时的学校对贫困学生有一定的关怀政策。学生家长的单位开一张纸质的证明，说明某某家庭确实困难，请予以减免学费，再盖上单位的公章，学校就不会再向学生收取学费了。所以，每当回忆起童年往事，高凤林总是抱有一颗真诚的感恩之心。正因为他从小就得到了党和政府的关怀爱护，所以，长大后，他要报恩，要回报社会，要用优异的工作成绩感谢所有帮助过他的人。他的这个想法自然而朴素，真诚而坚定。

那个年代，虽然大家生活得都不富裕，但人与人之间充满了友善与和谐，感情是真挚的。家里穷也没有人笑话，因为大家的日子过得都不是很宽裕。所以，孩子即使穿着破一点儿的衣裳去上学，也是快快乐乐的。高凤林母亲勤劳持家的优良品质，在这贫困的生活中得以充分展现。

现在的小孩子多幸福啊，除了一日三餐，还可以选择各种各样的小零食，而高凤林小时候，什么零食也没有。虽然没有零食，但一日三餐还是要吃的。高凤林正是长身体的年纪，如果连饭都吃不上，那真是大问题了。高凤林上学后，早晚两餐在家里吃，午饭在学校吃，由哥哥或者母亲送去。

每到上午第四节课时，高凤林就会不自觉地朝着教室的窗外张望。临近中午，他的肚子开始咕咕地叫了，他多么盼望家里人能踏着下课的铃声第一个来给他送午饭啊。

午饭多是咸菜和窝头——窝头是玉米面做的，呈圆锥状，底部中间有一个窝儿——偶尔一天，也会是一两个馒头配酱豆腐，这样的午饭就属于改善生活了。

其实，吃饭简单也就罢了，高凤林还有吃煤球的经历，并且他吃煤球的事情还不只发生过一次，也不仅仅是在上小学之后，早在幼儿园时，他就有过吃煤球的经历。

那完全是一种无意识的行为。幼儿园的很多孩子都喜欢往嘴巴里填乱七八糟的东西，高凤林也是。他在吃煤球之前，还曾吃过墙皮。看着灰白色的墙皮开裂翘起，高凤林就揭下一小块塞进了嘴里。

墙皮在高凤林的嘴巴里被咬得"咯巴咯巴"直响，引得周围的孩子一脸惊讶。

"你吃什么呢？好吃吗？"

"好吃！嘎嘣脆，就像饼干一样。"

他慷慨地向身边的小伙伴推荐："来，你也尝一尝！"

小伙伴嚼了一口，"噗"，马上吐了出来："什么破玩意儿，一点儿都不好吃！"

高凤林绝没有任何恶作剧的意思，他是真诚地与伙伴们分享，但伙伴们享受不了他的"特殊美味"。

吃过墙皮之后，高凤林又有了新的发现。他把幼儿园门前煤堆上的煤球，捏了一小块塞进了嘴巴里。

"哎，这个黑球球太好吃了，像糖似的。"

黑色的煤球在高凤林的嘴巴里被咀嚼成了粉末，他真的感觉挺好吃。那味道像不像巧克力他不知道，因为他没吃过巧克力，可它们都黑黑的，样子蛮像的。于是，高凤林又把煤球推荐给了小伙伴。小伙伴立刻报告了老师，老师询问情况后，又立刻告诉了高凤林的母亲。

高凤林的母亲当然着急了："孩子，你怎么能吃煤球呢？你瞧瞧，这可怎么好！"于是，高母赶紧带着高凤林上了医院。

医生检查之后，说："这孩子是缺钙，营养不良，要给孩子补充营养呀！"

高凤林读小学的时候，很多同学都听说过他吃煤球的经历，便总有人用好奇的口气问他："你真的吃过煤球吗？好吃吗？"

这时，高凤林总是一本正经地回答："当然。不信，我再找几个吃一下，让你们看看。煤球不难吃，我嚼起来还觉得它挺香呢。"①

仰望星空

高凤林家的附近，有北京著名的南苑机场。

南苑机场距天安门有十多公里，是中国第一座军用机场、第一座民用运输机场，也是中国人民解放军空军诞生地，到现在已有一百多年的历史了。据说，在清朝还没有灭亡的1910年8月，这个机场就建成通航了。1949年10月1日的开国大典，南苑机场承担了保障空中阅兵的任务，直到2019年9月，这个机场才完成了它的历史使命，正式关闭。

然而，早已被载入史册的南苑机场在高凤林的记忆中却是永远抹不掉的。

生在南苑，长在南苑，童年的高凤林每天都能看到飞机从头顶飞过，它们的轰鸣声像一段段优美的乐曲，回荡在高凤林的耳边。

高凤林常常听街坊们说起谁谁家的大哥哥就在航天系统工作，谁谁是开飞机的，谁谁是修理飞机的……太让人羡慕了。小

---

① 吃煤球是高凤林幼年时的偶然行为，请读者不要效仿。

时候的高凤林总是在默默地思索："飞机那么大，是怎么飞到天上去的呢？"他好奇，想弄明白。但那个时候，他的母亲和哥哥都无法回答这个问题。

1970年，高凤林八岁了。他喜欢和同学们用纸叠飞机，然后比比，看谁的飞机飞得更远更高。

这一年的4月25日，就在高凤林和同学们玩完纸飞机，走进教室坐在座位上准备上课的时候，老师兴奋地走进来宣布："同学们，告诉大家一个好消息，就在昨天，咱们国家成功发射了第一颗人造地球卫星！"

"哇，太好啦！"同学们拍着巴掌欢呼起来。

老师接着说："你们知道这颗卫星叫什么名字吗？叫'东方红一号'。这颗卫星的成功发射，开创了咱们中国航天史的新纪元。有了这颗卫星，咱们伟大的祖国就成了继苏、美、法、日之后，世界上第五个能独立研制并成功发射人造地球卫星的国家！"

"祖国万岁！毛主席万岁！"同学们热烈地欢呼着。

"老师，我们能看见这颗人造卫星吗？"

"当然可以看见了，这颗卫星还会播放音乐呢。"

"什么音乐呀？"

"《东方红》呗！"

"那我们什么时候能看到它呢？现在能看到吗？"

"白天有太阳，肯定是看不到的。到了晚上，你们一定要记住，让你们的家长领着，到外面看看天空，找找咱们中国的人造卫星！"

　　那天晚上，刚吃完晚饭，高凤林就拉着母亲，让她带自己去外面看人造卫星。

　　那一天如节日一般，街上的人很多，大家都在仰望星空，寻找着那颗卫星。

　　高凤林拉着母亲的手，仰着脸朝天空望着。

　　"妈妈，你快告诉我，那颗卫星在哪儿呀？"

　　"别急，儿子，妈妈这不也在找吗？"

　　这时，人群中一个眼尖的人大声喊了起来："快看呀，大家快来看！那颗卫星，对，就是正在走动的那颗卫星，就是咱们国

⊙ 1970年，长征一号运载火箭将中国第一颗人造地球卫星"东方红一号"送入太空。那一年，高凤林八岁，他从此有了航天梦。（图片为示意图）

家的人造卫星！"

果然，在天际的一角，有一颗亮亮的星正在移动着。这时，街上的喇叭里也传出了《东方红》嘹亮的乐曲声，那声音如同天籁，抚慰着亿万中国人的心。

高凤林眼看着那颗星，嘴里轻轻地哼着《东方红》的乐曲，一股自豪感在他的心底油然而生，他大声地喊着："我看到咱们的人造卫星了，我听到《东方红》了！"

那一刻，他真的觉得自己是这个世界上最幸福的人。

回到家里，高凤林激动得睡不着，他还沉浸在仰望星空的幸福之中。于是，他开始追问母亲："妈妈，你说那颗人造卫星是怎么被放到天上去的呢？""卫星有多大？它为什么不会掉下来呢？""为什么卫星还会唱歌呢？""研究那颗卫星的人一定是非常了不起的人，我什么时候能认识一下他们呢？"……

面对儿子一连串的问题，母亲用手轻轻地抚摸着高凤林的小脑袋，说："儿子，你问的这些我也不知道，你快快长大吧，等你长大了，学到了知识，就都懂了。"

"嗯，我一定要快快长大，好好学习知识，把这些问题都弄明白。"

也许就是从那一刻起，高凤林在自己幼小的心灵里埋下了一颗航天报国的种子。

小学，中学，高凤林一直努力学习，他一边仰望星空，一边脚踏实地，不断地夯实知识的根基。

第二章　少年不言愁

多才多艺的学生

高凤林上小学以后，尽管家庭比较贫困，但他的学习成绩一直非常好。高凤林每每谈起童年往事，脸上总是露出一种自豪的表情。除了学习好，他还是同学中的"领导干部"。

他肯干，学习好，有集体荣誉感，再加上热情，有能力，愿意为大家服务，这样的学生哪个老师不喜欢？所以，无论学校将什么任务分配到高凤林他们班，老师都不打怵，"没关系，他们班有高凤林呢，大家都听他的"。

那几年，很多地方都在挖防空洞。大人孩子齐上阵，没有任何大型机械，全靠人力一铁锹一镐头地铲、刨。

学生们排成队，雄赳赳，气昂昂，喊着口号唱着歌，还没有铁锹高的高凤林带着他的"战士们"，走上了挖防空洞的"战场"，投入"战斗"。

学生中有一个愣小子，拿着铁锹耍大刀似的连铲带耍，土没有铲出多少，铁锹却抡得老高。高凤林提醒他说："一定要注意安全……"可谁承想话音未落，那个铁锹便在愣小子的手里失控了，铁锹头竟直奔高凤林的头飞来。高凤林本能地躲闪，却还是被砸中了。

鲜血登时从高凤林的头上冒了出来，滴在他雪白的上衣上。

同学们尖叫起来。那个愣小子都吓傻了，身子不停地打战，仿佛触了电一般。老师们也立刻围了过来，并赶紧找随队而来的校医给高凤林消毒包扎。

这算是"工伤"，高凤林完全有理由回家休养几天。可是他却"轻伤不下火线"，满不在乎地对大家说："碰破了点皮，算不了什么。走，咱们继续干活儿去吧！"

如此英勇，哪里像个小学生？面对困难、疼痛、挫折，小时候的高凤林就已经显露出了超乎他年龄的成熟。

少年高凤林爱好广泛，对未知世界充满了强烈的好奇心。在那个年代，没有五花八门的文化课补习班。所以，高凤林和他的伙伴们有充足的自由时间，去做他们喜欢做的事情。

他爱好体育。他喜欢玩球——各种球，小到乒乓球，大到篮球、足球，一玩起来，就分外投入。

他爱好文艺。学校组织文艺演出，号召大家积极参与。高凤林总是踊跃报名，不用别人动员。

合唱队招队员。"带我一个吧！"于是，他就加入了合唱队。站在合唱台上，他引吭高歌："七亿人民七亿兵，万里江山万里营……"

学校需要找一个说快板的。"让我来吧，我特愿意说快板！"于是，高凤林手里打着两片竹板，有节奏地说着快板段子："竹板一打响连天，出门碰到一根电线杆……"

后来，他又迷上了讲故事。老师说："文化馆要办故事员培训班，咱们班有一个名额。"

高凤林恳求老师让他去。老师看他如此热情，就把唯一的名额给了他。他果然不负众望，学了好几段精彩的故事，回到学校讲给大家听。

高凤林在童年时期艺术才华的展露，也离不开专家的指点。有一位姓金的文化馆老馆员，经常到学校进行义务辅导，一是为了普及文化艺术，二是为了发掘人才。在他开办的艺术辅导班里，他一眼就相中了高凤林，认为高凤林是个极具艺术潜质的孩子。所以，从一开始，金老师就对高凤林进行手把手的辅导。高凤林虽然最后没有像老艺术家期待的那样在中国的文艺舞台上绽放异彩，但却用自己手中的焊花装点了一个绚丽多彩的时代。

至今，高凤林每每想起那些曾在成长之路上引领过自己的老师们，心里仍充满了感激。

哥哥很优秀

刚上中学不久的一天，高凤林在课堂上溜号，被老师逮到。老师问他叫什么名字，看样子是要批评他一番。

高凤林答："报告老师，我叫高凤林。"

老师听完后思索片刻："高凤林？那我应该也教过你哥吧？"

"是的，老师，我的三个哥哥您都教过。"

"哦，那我知道他们是谁了。"老师顿了顿，正色说道，"高凤林同学，你要向你的三个哥哥学习，他们都很优秀，你也要像他们一样优秀。所以，上课不能溜号，要刻苦努力地学习才是。"

高凤林没有正面接老师的话，而是自言自语地说："我当然会努力的，我要比三位哥哥更优秀。"

初中阶段的高凤林确实一直在努力学习，他的成绩很不错，有一点可以证明，就是他不仅当过班长，还当过好几个学科的课代表，比如语文课代表、数学课代表，甚至体育、劳动的课代表他也当过。

时光荏苒，转眼来到了1978年。

这一年，我们国家发生了许多大事。比如，在这一年，中断了多年的高考恢复了，数以百万计的考生涌入了各个高考考场，去接受祖国的选拔。重视科学、重视知识、重视人才，成了新的时代风尚。

这一年《人民文学》的第一期，发表了作家徐迟的长篇报告文学《哥德巴赫猜想》。一石激起千层浪，陈景润这位埋头钻研数学的科学家，转眼就成了全国人民学习的榜样，也成了众多青少年崇拜的偶像。

科学的春天到来了，高凤林的心情十分激动，他的思想像一匹驰骋在草原上的骏马，风驰电掣，很快就跨越千里了。

《马年赞马》

1978年的一天，自习课上，老师来到了教室，给大家布置作业——写一篇作文。

没有内容要求，题目自拟，但必须写出真情实感，不能少于600字，不得抄袭。

老师走后，同学们开始奋笔疾书。教室里很安静，只有同学们的笔尖画在作文纸上唰唰作响的声音，如春蚕吐丝，如细雨落地，诗意盎然。

高凤林的作文很快就写完了。他的作文题目是《马年赞马》。

这是有寓意的：1978年，恰是农历马年，马象征着奔跑，象征着一种勇往直前的精神。所以，高凤林的这篇作文，借助马的形象，既赞美了祖国万象更新的喜人景象，也展望了国家美好的未来。他对自己在作文中使用的一些带有"马"字的成语，特别满意，比如马到成功，马不停蹄，龙马精神……

作文的结尾处高凤林使用了抒情手法，让文章蓦然升华，进入高潮，让人读来有一种荡气回肠、久久难忘的感觉。

好文章当然是有感染力的，语文老师读罢高凤林的这篇《马年赞马》，真是欢喜有加。他在作文本上旁批了两段文字。第一段用三个词肯定："用词准确，比喻恰当，描写生动。"看得出来，语文老师在读这篇作文时，对遣词造句、写作手法是很认可的。

但第二段批语却只有两个字："抄的？"

或许是语文老师在写下这两个字后，心里多少也有一些犹豫。于是，他在后面又添了一个问号。

可以想象，高凤林接到语文老师的作文批改后，是怎样的心情。前一段批语是表扬，他心花怒放，可后一句"抄的？"又让他感到委屈和难过。

若是在小时候，凭高凤林的倔脾气，他看到这个批语，肯定会拎着作文本去办公室找老师理论一番。但当时，他已经十六岁了，性子沉稳了许多。他想，既然老师是在我的作文本上写的批语，那我也在作文本上来个"回复"好了。

高凤林的回复很简单，力证清白，表明自己的作文与"抄"无关。

结果，第二天语文课上，老师讲课到一半，突然话题一转："咱们现在当堂写作文，写完当堂交。"

布置了题目后，老师瞅了瞅座位上的高凤林："开始写吧！"

对于这种"突然袭击"，班里的其他同学都感到有些蒙，唯有高凤林知道，老师用这一招就是想验证一下他的"回复"：你说你的作文不是抄的，那就"出来走两步"，如果是弄虚作假，此刻必将原形毕露。

没有任何参考材料，也没有太多的时间构思，高凤林在老师的注视下开始写起来。

唰唰唰，高凤林头不抬、笔不停，下课铃响起时，一篇作文写完了。

语文老师拿起高凤林的新作，一边看一边轻轻地点头："嗯，嗯，不错，不错。"

他用赞许的目光看着眼前的这个学生，仿佛看见了一匹四蹄追风、来日便可奔驰于千里草原的良驹。

"好呀，真不错！"

后来，高凤林成了语文老师最喜欢的好学生，他们也成了忘年交。

对的就要坚持

物理课上，老师讲完了力学，总结道："关于重力、摩擦力的原理，大家一定要理解透彻，这样，我们就可以解释速度的变化等现象了。"

总结完了力学知识，老师又讲"能量和功"："同学们，这个部分涉及能量的转化和守恒、能源消耗及环境保护方面的知识……"为了进一步让同学们弄懂物理的基本规律，老师在黑板上写了一道练习题让同学们解答。

见没有人主动举手，物理老师便点一位同学来答，这位同学摇摇头："这个题太难了，我不会。"

另一位同学被叫了起来，仍然是摇了摇头："不会答。"

接下来，物理老师又叫起来好几个同学，遗憾的是，他们竟然都回答不出这道物理题。

老师问："谁会答这道题？请举手。"

没有人举手。

这时，老师把目光转向了座位上的高凤林。高凤林一直在盯着黑板看，却没有举手发言。老师的眼睛看向高凤林，全班同学的眼睛也都转向了高凤林。

高凤林为众目所瞩是有道理的，因为他是物理课代表。大家都答不上的题，课代表没有理由答不上呀。

高凤林站了起来，轻轻地说了一句话，却像在教室里丢了一颗炸弹。

"老师，您这道题出错了，有问题。"

老师一愣："什么？你是说我的题错了？"

"是的。"高凤林轻轻地回答。

"什么？老师的题错了？""老师怎么会出错题？""高凤林真的是太狂了，竟然敢说老师错了！"全班愕然。高凤林一下子成了众矢之的。

"是呀，难道他比老师还强？""真是不自量力！"

同学们在座位上七嘴八舌地议论着，可是高凤林仍然坚定地表态："是的，我是这样认为的。"

这时，下课的铃声响了。

物理老师环视了一下大家，没说什么，夹起教案走出了教室。

同学中有人继续小声地议论："物理老师这回肯定会批评高凤林的。"

还有好事的同学，跑去跟踪物理老师，然后第一时间跑回教室向大家报告："那道题，就是高凤林说老师出错了的那道，咱们物理老师问年级组长去了。""告诉你们吧，学校的物理教研组在讨论那道题呢。""没错，咱们学校的物理教研组有好几个老师是从名牌大学毕业的呢。"

两天后，又到了上物理课的时间。

物理老师夹着教案走进教室，环顾了一下全班同学后，把目光停留在了高凤林的脸上。

老师示意高凤林从座位上站起来。

高凤林站了起来，眼睛看着老师，没有吱声。

教室里没有一丝声音，同学们都在猜想是不是有一场风暴即将到来。接下来会发生什么呢？会有一次"摩擦力"的现场表现吗？

摩擦力可能是阻力，也有可能是动力。一个物体在没有受到外力作用时，总保持匀速直线运动或静止状态，直到外力迫使它改变运动状态为止。这就是牛顿第一定律。

物理老师看着全班同学，平和地说："对于上节物理课中我出的那道题，高凤林同学质疑我出错了，后来我们物理教研组的几位老师反复进行了研讨，大家一致认为，高凤林的质疑是正确的，那道题确实有错误。所以，今天我请高凤林同学站了起来，请大家同我一起用掌声向他的坚持表示鼓励和支持！"老师的语调中充满了真诚的感染力，没有任何摩擦力。

说完，物理老师带头鼓起了掌。

全班同学稍稍愣了一下后，都随着物理老师把热烈的掌声送给了高凤林。那掌声像一群飞翔的鸽子，飞到了学校的上空。

"高凤林同学，我讲了这么多年的物理课，还从来没有人质疑过我的讲课内容，你是第一个。说说吧，你是怎么想的？哪儿来的勇气？"

高凤林看了一眼老师，又环视了一下全班的同学，轻声说道："我喜欢物理课，也敬重您。物理是一门科学，在学习上我们应该严谨，不惧怕权威。所以，我觉得只要是对的，就应该坚持。"

说到这儿，他把目光又投向了老师："您不是也经常教导我们，学习科学不能随波逐流、人云亦云，一定要有自己的坚守吗？"

"说得好，高凤林同学的这段话很有道理呀！"

老师示意高凤林坐下来，他接着高凤林的话说道："同学们，我以前曾给大家讲过科学家布鲁诺的故事，他坚持说哥白尼的'日心说'是正确的，地球是围绕着太阳转的。他的观点受到了教会的排斥和批判，当时的社会舆论也都站在反对布鲁诺的一边。法官对布鲁诺说，只要他说一句'我错了，地球并没有绕着太阳转'，就可免于一死，而布鲁诺始终没有低头，最后被烧死在罗马的鲜花广场上。"

　　说到这儿，老师又提高了语调，一字一句地说道："未来，你们将走上各自的工作岗位，无论做什么，都请同学们记住今天老师告诉你们的话，就像高凤林说的那样，'只要是对的，就应该坚持'，永远葆有坚持真理的信念和决心。只有这样，才能成为一个对自己负责、对国家有用的人。"

　　教室里一点儿声音也没有，所有的同学都在思考物理老师的话。

　　四十多年前那节物理课的情景，一直存留在高凤林的脑海里。说起当年的往事，高凤林至今仍感慨万千："那节特殊的物理课影响了我的一生。它教会了我要敢于坚持真理，不人云亦云，甚至可以说，它为我后来在工作中攻坚克难、坚持创新打下了坚实的思想基础。"

⊙ 高凤林工作时的照片

第三章　一簇焊花一首歌

选择焊接专业

　　1978年，十六岁的高凤林初中毕业了。当时，他所在的年级共有六百多人，他的成绩无论是在班级还是在年级都名列前茅。按照老师为高凤林做的人生规划，他完全可以顺利地考上一所重点高中，然后再考大学……

　　然而，高凤林并没有按照老师的规划来走自己的人生之路。当然，这也是有原因的。就在他初中毕业那年，他的一个哥哥参军了，另两个哥哥去了农村，长期操劳的母亲也恰在这时身体出现了问题。高凤林该何去何从？

　　从小便懂得为家人分忧的高凤林，此时为减轻家庭负担，也为了更好地照顾母亲，做了一个让人意想不到的决定：放弃报考高中，选择去上技校。

　　母亲被儿子的孝心感动："凤林，报考七机部技校①也好，那里能解除你小时候的困惑，实现你的梦想。"

　　就这样，高凤林报考了离家不远的七机部技校。

　　这一年的秋天，高凤林迎着秋日灿烂的阳光，怀揣着对未来

──────────

　　① 七机部技校：第七机械工业部第一研究院211厂技工学校的简称。

的满腔热情，走进了技校的大门。

迎新的老师把新生们接进教室，说道："欢迎同学们！大家安顿好之后，就可以开始选择专业了。"

同学们拿着一摞厚厚的专业介绍材料，陆续开始挑选起来。

"选择到自己喜欢的专业，就填在表格上，学校会充分尊重同学们的个人意愿。不过……"老师说到这儿停顿了一下，"最终，你们学什么专业，还要听从学校的分配调剂。"

高凤林和同学们商量着选专业的事，有的同学早就做过了功课，对他说："凤林呀，你就听我的吧，咱就填报机械专业作为第一志愿，这个专业最好了。"

"为什么？"高凤林问。

"学机械专业，毕业后就能够操纵最先进的大型设备。"

"好，那我也报机械专业！"高凤林在表格的第一志愿栏上，端端正正写下了"机械专业"四个大字。

很快，学校批复了新生们的专业选择。

让高凤林没有想到的是，他没有被分配到机械专业，而是被分配到了电焊专业。

电焊专业？

电焊是个什么东西？

这个意外仿佛一盆凉水，猛地泼在了高凤林的头上，把他原本燃烧的热情一下子浇灭了。

"不行，我得去找老师说说。我上技校，就是要早日学到本领，学机械专业多好啊，无论是国产的大机器，还是进口的新设备，我都能操作，坐在那些高大的操作台上，该多么神气呀！老师现在却让我学什么焊接，那有什么技术呀？"

高凤林嘴里嘟囔着，他感觉自己的前途一片渺茫。

其实，他的失望和不满都被老师看在了眼里，没等高凤林找老师，老师就主动来找高凤林了。

"凤林呀，明天我要带你们几个同学走出学校，下厂参观。"

"参观？去哪个厂子呀？"

"到了你们就知道了。"

那是高凤林生平第一次走进火箭的制造车间。

"老师，这些工人在做什么？"

"他们在做火箭的焊接工作。"老师回答。

高凤林惊讶地说："焊火箭？这就是运送卫星的火箭？"

见到真实的火箭发动机后，高凤林瞬间瞪大了双眼。他在车间里四处看着，仿佛进了迷宫。他怎么也不会把在太空飞翔的火箭和眼前的这些金属物体联想在一起。

这时，正在工作的一位师傅把手里的活儿放了下来，他已经提前从老师那儿知道了高凤林并不乐意学焊接的事情，便笑着做起了心理辅导："年轻人，你呀，可别看不起焊接专业，焊接火箭的技术工人现在可是太稀缺、太珍贵了。"

"是吗，这么稀缺？"高凤林小声地和同行的同学议论着。

"稀缺的才值钱呢。"同学说。

说到钱，刚才的那位师傅又接过了话茬儿："告诉你们，焊接这个工作可谓是离钱最近的。"

"怎么个最近法儿？"高凤林问。

师傅这时指着旁边的一个金属瓶说："原先，焊接火箭使用的保护气是从德国进口的氩气，你们猜猜，这一瓶气需要多少钱？"

高凤林和几个同学瞅了瞅那个瓶子，几百几千地说了一通，你一言我一语地乱猜着。

师傅听了笑了笑，说道："告诉你们，这一瓶气就要六万块！是国家用外汇买的。你们说值钱不值钱？"

"啊，这么贵呀！"高凤林和同学们惊讶道。

师傅接着说："焊接工在很多制造方面都相当重要，有的产品90%以上的结构都要仰仗焊接工焊接。可是你们竟然瞧不起焊接工作，这可真是不应该哟。"

师傅说得入情入理，滔滔不绝，让高凤林一下子对焊接专业有了新的认识。

"师傅，我从来不知道焊接还需要氩气，您再介绍一下可以吗？"

"可以呀。"师傅继续说道，"在我国航天事业发展初期，工业基础还比较薄弱，很多航天产品的焊接都需要使用惰性气体氩气，当时这氩气我们生产不了，所以那时的氩气都需要从国外进口，比金子还要珍贵，那些优秀的氩弧焊焊接人员都被叫作'金手银手'。可不是什么手都能获得这样的荣誉哟。"

"'金手银手'？"

"是呀，小伙子们，赶紧好好学习焊接吧，咱们国家需要你们早点儿成才呀！"

　　这次参观让高凤林大开眼界，他回到学校后对焊接专业充满了热情。他向老师表态："我就认准学焊接了，请您放心吧！"

　　从此，高凤林努力学习专业知识，渐渐成了班级里的尖子生。他一路学习，一路闯关，各种理论关卡都难不住他，所以不免有点儿骄傲。有一天，高凤林跟老师说："我很快就能成为一流的焊接工，期待着早日毕业，到工作岗位上大展身手！"

　　老师用欣赏和鼓励的目光看了一眼高凤林，笑着说："你的想法很好，不过……"老师停顿了一下，"你呀，想要成为一流的焊接工人，除了用脑，还要有一个必要的条件。"

　　"什么条件？"

　　"四个字：手上功夫。如果你的手上功夫达不到要求，即使你的理论知识再扎实、再丰富，脑袋再聪明，你也不是一个合格的焊接工人！"

　　高凤林听明白了，现在自己已经学会了各种焊接方面的理论知识，能不能把自己学到的这些本领通过双手展现出来，还要经过实践的检验。

　　"老师，赶紧派我去实习吧，我想检验一下自己的手上功夫。"

　　"别急，学校很快就会安排你们去工厂实习的。"

第一次拿焊枪

老师的话再次点燃了高凤林的学习热情，他暗下决心："我一定要练好手上功夫，成为一名出色的焊接工人！"

很快，高凤林再一次走进了工厂，开始了焊接的实习工作。

如同战士持枪进入靶场进行实弹演习，焊接的操作也需要全部按照规范的程序进行。那一刻，高凤林激动不已，他在心里默念着课堂上学到的基本知识，一点儿也不敢走样。

他用一只手轻轻拿起防护面罩——这很重要，防护面罩可以防止强光刺眼，保护面部不受伤害——而另一只手则用焊枪夹住焊条。这是焊接的准备工作。接下来，他就要将手里的焊条接触到被焊接的铁板上。

当焊条与铁板相触的一瞬间，焊条熔解的吱吱声，随着那突然闪出的耀眼弧光，回响在整个车间。这是高凤林第一次实际操作，他很激动，甚至有一种小小的成就感。

在学校的课堂上，高凤林早就把焊接的基本知识牢记在心了。

现代的焊接方法有很多，主要包括手弧焊、埋弧焊、钨极气体保护电弧焊、等离子弧焊，等等。关于电焊的基本工作原理，高凤林在考试时也是得了满分的。电焊，是利用电能，通过加热加压，使两个或两个以上的焊件合为一体的工艺。

当高凤林将手里的焊枪再次与铁板相触时，突然出现的反弹力让他的手猛地一哆嗦，他下意识地将焊枪向上一提，原本夹在焊枪上的焊条却掉了下来。

焊条掉了，操作就宣告结束了。

高凤林看着从焊枪上掉下来的焊条，无奈地取下防护面罩，关掉电源，一屁股坐在地上，半天没有再动一下。

"第一次操作能做到这样已经很不错了，祝贺凤林！"

"是呀，我还不敢拿焊枪呢。"

"凤林，你再练习练习，肯定行！"老师和同学们在一旁鼓励着他。

午休时，老师和同学们发现高凤林不见了。

"他去哪儿了？"

"没看见呀。"

原来，高凤林又钻进车间里，偷看工厂里的老师傅们是如何进行焊接的。

高凤林像着了迷似的围着老师傅，一边看，一边不停地问，还不时地在笔记本上记着要领。

老师傅对这个爱琢磨、爱学习的小伙子也是格外喜欢。

"小伙子，要想当好焊接工人，得记住三个字！"

"哪三个字？"

高凤林要记下来。

"不要写在本上，要记在心里！"师傅笑着对高凤林说，

"第一个字是'稳'。这焊枪虽重，拿在手里却要平稳——稳得就像拿着筷子一样，不晃不摇。然后，才有第二个字，叫'准'。焊条对准焊接缝隙，一丝一毫的偏差也不能有。准，不仅需要眼睛观察准，手的配合更要天衣无缝。第三个字就是'匀'。这可不是一日之功哟，需要多少年的练习才能达到。"

听到老师傅这样热情的传艺，高凤林忍不住提了一个小请求："师傅，您能指导我，让我亲自实践一下吗？"

"当然可以，你来吧，我在一旁教你。"说着，师傅把手里的防护罩和焊枪递给了高凤林。

师傅手把手地教着高凤林，非常耐心地讲解着焊接要领。

高凤林学得更是认真，如同童年时看着妈妈蒸馒头一样。他仔细体会，没用多长时间，就掌握了焊接的基本要领。

实习的日子过得很快，高凤林的焊接技术也突飞猛进。

遇到难题，他总是去看师傅的操作过程，再细细地琢磨师傅是如何操作的。然后，他回到自己的工位，先模拟操作一遍，想一想，再模拟一遍，在纸上做好记录，然后再模拟一遍……

学校的老师把同学们组织在一起，观看高凤林的焊接操作。

他打开电源，拿起防护罩，端起焊枪，深吸一口气，稳稳地在铁板上一点儿一点儿地焊接……在洒落满地的"流星"中，高凤林将缝隙完美地焊上了。

"你这个小伙子真的是太聪明勤奋了，一点就通呀，将来肯定是一个优秀的焊工。"师傅竖起大拇指夸着高凤林。

"是呀，高凤林的进步太快了！"老师和同学们都为他热情地鼓掌祝贺。

"咱们的高凤林现在可以出徒，独立接活儿了！"老师拍着高凤林的肩膀说。

这一刻，高凤林的脸上也露出了喜悦和满足的表情。

工厂里有一位姓陈的工长，是一个爱惜人才的车间领导，他认准高凤林是一个极具潜质的好苗子，是一个难得的、值得培养的专业人才。

于是，过了几天，陈工长把老师和同学们叫到一起，领着大家来到车间，站到了一块铁板前，然后转身对高凤林说："小伙子，你的技术在实习生里是最好的了，我很为你高兴。"

"谢谢陈工长！"高凤林说。

"你看，这块铁板上有两道缝，需要焊接一下，你先焊接第一道缝好吗？"

"没问题！"高凤林信心满满。

他打开电源，一手拿防护面罩，一手端焊枪，在铁板上吱吱吱地焊了起来，星光闪烁，焊枪欢歌。不一会儿，他的"作品"就完成了。

高凤林放下面罩和焊枪，先看了一眼围在四周的老师和同学们。当然，老师和同学们送给他的依然是热烈的掌声。

然后，高凤林又转过脸去看陈工长。他本以为陈工长看了他的操作，也会竖起大拇指来夸奖他，至少也会说上一句"嗯，不错"。

可让高凤林万万没想到的是，陈工长一句话也没说，只是拿起了防护面罩和焊枪。只见他轻挥手臂，就在高凤林刚才焊接的铁板上的另一道缝隙处焊了起来。瞬间，那道缝隙就好像从来都不存在一样。

焊完后，陈工长放下焊接工具，一句话也没说，转身走了。

老师和同学们都一起低下头去看，只见同一块铁板上的两道焊缝形成了鲜明的对比：一道是高凤林焊的，像一条扭曲的蚯蚓，身上堆满了褶皱；另一道是陈工长焊的，如一条笔直的小水道，表面被微风吹出了富有韵律的波纹。

有比较才有高下优劣，高凤林彻底服气了。他和陈工长的技术着实是相去甚远呀。

遇到一位严厉的师傅

正是陈工长在铁板上留下的那道焊缝，激励了当时尚在工厂实习的高凤林，他不懈努力，精益求精。那是他永远铭记的一个起点，也最终成就了他，使他取得了今天这样令人瞩目的成绩。

当年还是少年的高凤林，正是在陈工长的启发下，确定了自己的人生目标。但理想很丰满，现实很骨感，向峰顶攀登的每一步，都伴随着艰苦的付出。

为了早日成为一名像陈工长那样有着高超技艺的焊接工人，高凤林向着那座技艺的高峰，迈出了坚定的脚步。

⊙ 高凤林工作时的照片

多少个日子，他手握红砖，伸直胳膊，独自站在烈日下一动不动，任汗水在脸上、身上肆意流淌。老师傅教给他的"稳准匀"三字秘诀，早已融入他的血液之中。握砖伸臂，练习的是胳膊的力量和稳定性。吃饭时，他下意识地将筷子从嘴边移到碗边，再从碗边移回嘴边，这是在练"送丝"，练的是一个"准"字。等他这样吃完了饭，食堂里的人早已所剩无几。但高凤林总是很高兴，因为他感觉自己在技术上又有了进步。

高凤林的这些练习行为，在别人的眼里可能有些怪异，但他自己却乐在其中。是的，为了练好焊接这门技术，他太投入了。别人的非议他从来不在乎，他的心里只有那条似笔直水道的焊缝，那是陈工长完成的足以震撼他心灵的绝妙佳作。

高凤林是一个有理想的人，他知道，只有自己拥有那样的焊接技术，才有可能参与到与火箭相关的工作中。或许这就叫鸿鹄之志吧。高凤林觉得，做一件事就应该把它做好，做到极致，决不能甘于平庸。

⊙ 高凤林的焊帽

经过两年的技校学习，1980年7月，高凤林以优异的文化课成绩和过硬的焊接技术完成了学业，走出了校门。

同一时间，首都航天机械有限公司14车间的大门正向高凤林徐徐打开。高凤林被破格安排到这个专门焊接火箭"心脏"——

⊙ 高凤林的学习笔记

火箭发动机的车间里工作。

可以说，高凤林如愿以偿了。

当然，这是有原因的。当年，独具慧眼的陈工长早就把这个实习时就表现得非常好的苗子藏于心中。为了能把高凤林弄到自己车间，爱才如命的陈工长早早下手，和负责毕业生分配的老师敲定，坚决把高凤林"抢"了过来。

他们是有眼光的，他们没有看错。

当时，好几个车间为了招揽人才，也都各显神通，兴师动众地抢着要高凤林。连负责毕业生分配的工作人员都一脸疑惑地问陈工长："这么多优秀的学生，你怎么就单单挑中了高凤林？"

陈工长笑着说："外行看热闹，内行看门道。高凤林的潜力大着呢！"

穿上一身新工装的高凤林成了一名焊接工人，他的领导就是陈工长。

陈工长绝对是一个知人善任的好领导，他并没有急着让高凤林独立操作，而是像训练一只雏鹰似的，首先让它羽毛丰满、筋骨强壮，这样日后才能遨游长空、搏击风雨。除了在技术上传帮带，陈工长还不断加强对高凤林的思想教育。

高凤林很出色，很有培养前途，在技术上经过一段时间的锻炼和提高，绝对能担当重任。高凤林深知自己的焊枪连着天上的火箭，关系着国家航天事业的荣誉。所以在陈工长的引领下，他自觉地把工作职责升华。只要一端起焊枪，他总是小心翼翼，时刻牢记自己手下焊接的是将要冲向太空的火箭发动机零件，神圣的使命感让他充满了激情和力量，不敢有丝毫懈怠。

陈工长叫陈际凤，是高凤林的第一位师傅，也是新中国第一代特种焊接技术的探索者。他甘当人梯，把高凤林托举到事业的高峰；他如蜡烛，燃烧自己，照亮了高凤林的前程。

在当时，全国的焊接工人中，放眼望去，能真正掌握先进焊接技术的人并不多，用"稀缺"来形容也毫不为过。所以，陈工长在带高凤林时，总是强调做好这项工作不仅需要高超的技术技能，更要使对这份事业的敬畏之心长存。这位早年从东北来北京工作的前辈，性格豪爽直率，表面上脾气倔，内里却是一副热心肠，培养了一批又一批技术人才。

陈工长在首都航天机械有限公司工作多年，德高望重，很有经验。他所从事的特种焊接工作是打造国之重器的重要基础。

收高凤林为徒后，陈工长从最基本的焊接姿势开始教起。虽然他知道高凤林之前已经在技校里正规系统地学习过，但是现在高凤林到了一线，他还是要求高凤林按照工厂的规矩来做。在这方面，陈工长要求得比较严苛。比如，陈工长要求高凤林操作时手不可以靠工作台，要像学书法写大字时那样悬着。

"记住，要把手臂抬起来悬空，保证肘部、手腕灵活运动，保证焊枪能够触到哪怕最难以焊接的部位，而且为了保证焊接质量，悬空的手要丝毫不抖！"陈工长话语不多，却字字如钉。

高凤林模仿着陈工长的样子，不敢有一丝懈怠。

陈工长继续说："除了手抖，你知道另一个影响焊接稳定的因素是什么吗？告诉你吧，是人的呼吸。"

"呼吸？"

"是的。你呼吸时引发的身体起伏，如果控制不好，就可能影响焊缝的质量！"

从手的姿势到嘴巴和鼻孔的呼吸，严苛的训练出乎了高凤林的意料，而后来发生的一件事，更是让高凤林铭记一辈子。

当时，高凤林在烧一个试片，需要正面反面都看一看。因为试片刚焊完，比较烫，所以高凤林刚拿起来，手就被烫了一下，疼得他随手就把试片扔在了地上。

高凤林没有想到，就是因为这件事，他遭到了师傅的严厉批评。

"你要尊重你的工作对象！"师傅严肃地说。

尊重工作对象，是对工作有正确态度的一个方面，师傅的话让高凤林对自己的工作有了新的认识。

在之后的两年里，高凤林又先后跟了四位师傅，他的勤奋刻苦、聪颖好学令师傅们都欣喜不已。他们恨不得将全部技艺都传授给他：熔焊、冷焊、连续堆焊……

但高凤林记得最牢的还是师傅们教给他的一句话：要做一个合格的火箭发动机焊接工人，必须做到"三个到"——意到、手到、工艺到。

对培养自己成才的师傅们，懂得感恩的高凤林始终铭记在心：陈师傅、秦师傅、刘师傅、种师傅、王师傅。每每提起他们，高凤林的心中都充满了敬意。

有一年，中央电视台给高凤林录制节目，说他可以把自己的师傅请到演播厅来。高凤林一听高兴坏了，他恨不得把厂里帮助过他的师傅们都请到电视台，让荣耀的五彩霓虹映亮所有帮扶过他的伯乐们的笑脸。可电视台说不能来那么多，只能请一位代表来。高凤林只得无奈地笑笑，最终把陈工长请到了现场。

荣立三等功

在共和国科学技术全面发展的宏伟蓝图上，航天事业被列为一项重要规划，"长征"系列火箭的研制、发射，集中了我国最优秀的科技人才，群贤毕至，中华儿女向着浩瀚的星空伸开了腾飞的双臂。

1983年，是高凤林从技校毕业、入职首都航天机械有限公司工作的第三年。三年磨一剑，此时的高凤林早已褪去了入行时的青涩，成了一个可以从事各种焊接工作的多面手。

那年夏天的一个上午，厂领导临时召集大家开会，会议很紧急，领导脸上的表情也很严肃。

"我们刚接到上级的任务，长征三号运载火箭发动机燃烧室的最后组装，将在我们211厂的14车间完成。这个任务关系到火箭能否安全、按时地完成发射。所以，我们必须全力以赴，组织精兵强将，确保万无一失！"

会场上鸦雀无声，只有表针嗒嗒的跳动声。任务终于来了。

高凤林激动不已，甚至能听见自己兴奋的呼吸声。火箭发动机燃烧室的组装靠什么？怎么组装？焊工无疑将站在攻关舞台的最前沿。

长征三号运载火箭，是以长征二号丙为原型，加氢氧第三级组成的三级运载火箭。它是由中国运载火箭技术研究院负责设计和研制的。

研制和发射火箭是一项非常复杂的系统工程。在火箭这个庞然大物里，汇聚着动力系统、控制系统、遥测系统、外测安全系统、分离系统、辅助系统等多个系统。

高凤林和工友们的任务，是在火箭的核心部位（或者叫心脏部位），完成发动机燃烧室的全部组装，组装的方式就是焊接。

工人们按照计划要求，开始了一丝不苟的上岗操作。

焊光闪闪，散落满天星斗；汗水滴滴，映亮晨曦晚霞。

高凤林稳稳地端着焊枪，像一个手艺高超的雕刻大师，在作业面上雕出了一朵朵冰山雪莲、艳阳牡丹。

陈工长来了，他弯下腰，拿着放大镜，仔细地检查着高凤林的每一个焊点。

"没有任何瑕疵！"陈工长给了高凤林一个满意的评价。

一个个程序都顺利完成了，就在进行最后组装的阶段，让人意想不到的事情发生了——

对于发动机的核心部件，设计者在材料的使用上更换了一种高凤林和工友们从来没有遇到过的新型材料。这种材料被用于燃烧室尾部的喷管部位。此处结构非常复杂，高凤林和工友们多次试验，但常规的焊接方法都失败了。

怎么办？没有前人的经验可以借鉴。

又经过几次试验，结果依然不成功：由于熔焊焊缝比较脆，焊接的部位难以承受设计的压力，极易造成冲压断裂，而焊接的部位一旦断裂，对于发动机的燃烧室来说就是致命的。

如果发动机出了问题，火箭还能正常上天吗？

关键时刻，还得请那些有丰富技术经验的老师傅出马。可是，纵然老师傅们使出浑身解数，几番试验下来，还是败下阵来。

针对这个"难攻的山头"，各路"将士们"开始讨论新的"作战方案"。

经过仔细的观察，高凤林拿起手中的焊枪，说："我这几天看了几位师傅的操作，技术上是没有问题的，可为什么焊接还是达不到要求呢？我觉得问题应该出在材料内部的应力上，这种应力是传统焊接技术难以克服的。"

师傅们听了他的分析，觉得很有道理。有人问："那如果传统焊接技术解决不了这个难题，小高，你有什么办法吗？"

"如果从改变材料或焊接的应力着手，也许可以解决问题。"高凤林大胆地提出了自己的想法，也打开了大家的思路。

多少年来，焊接工人判断材料的应力大小及控制焊接应力通常靠的是经验。但对于新材料、新结构、新问题，经验有时反而会成为工艺选择和技术运用的桎梏。

从这个角度上讲，高凤林的经验没有老师傅们丰富，所以他

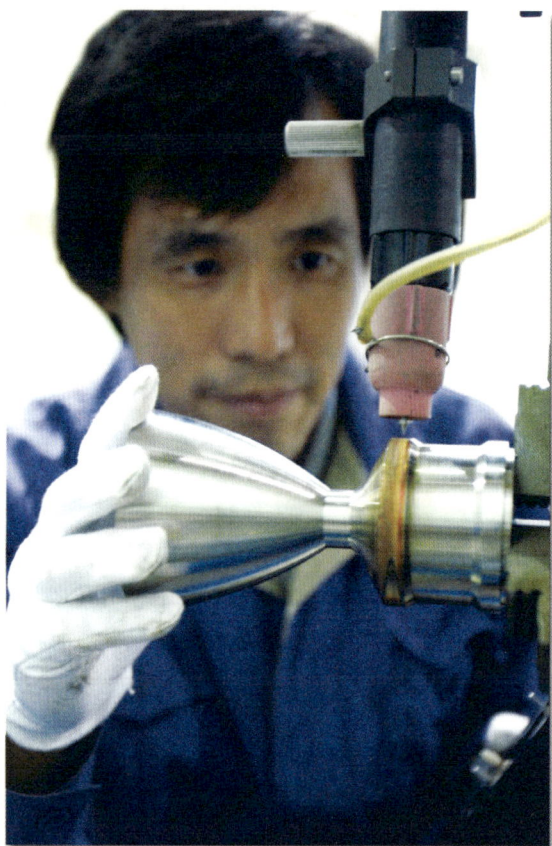

⊙ 高凤林在攻克发动机深熔焊接难关

也就没有了条条框框的束缚，这成了他思考问题的优势。

高凤林提出的新办法，谁来动手实施呢？工友们又将目光投在了高凤林的脸上。

陈工长说："小高，既然你有了成熟的思路，你就试试吧！你的本事也该拿出来检验检验了。"

"我？我能行吗？"高凤林有些顾虑。

陈工长笑着说："不试，你怎么知道自己行不行？"

"好，试试就试试！"高凤林说这话的时候，心里已经断了打退堂鼓的后路。于是，他一头扎进了工作中。

在小小的工作区里，高凤林手中的焊枪喷射着一束束蓝色的火焰，火焰是有温度的，那是他的心血和汗水，也是他的智慧和勇气。焊枪在他灵巧的手中不断变化着各种轨迹，绘就了各种神奇的图案……

一个样件又一个样件，如同一个又一个明碉暗堡，在焊枪的扫射下都被攻克了下来。终于，他成功地解决了火箭发动机燃烧室尾部焊缝的冲压断裂问题。

陈工长兴奋地把高凤林抱了起来，大声说道："你小子，真给咱焊工长志气！"

上级的表彰很快下来了，高凤林荣立三等功。

这一年，他二十一岁。

⊙ 高凤林工作留影

第四章 跨入"长征"的队伍

一战成名

1984年4月8日，由高凤林和他的工友们焊接发动机燃烧室的长征三号运载火箭，在西昌卫星发射中心点火，它成功运载了我国第一颗通信卫星——东方红二号。

高大的发射塔架环抱着乳白色的巨型运载火箭，耸立在发射场上。各环节的工程技术人员对起飞前的火箭进行了最后的检查，随即撤离现场，满怀激情地等待着发射时刻的到来。

发射控制室内，指挥员凝视着钟表，发出口令："十分钟准备""五分钟准备""一分钟准备"……随着"点火"口令的下达，发射控制台上的年轻操作员沉着果断地按下了电钮。火箭发射场立即传来连绵不绝的巨大轰鸣声。这声音像山崩，像海啸，震颤大地。巨大的火箭喷着红色的火焰，快速上升，直插云霄。

在那条"巨龙"的心脏部位，高凤林曾手持焊枪，夜以继日，付出过艰辛的劳动。在那条"巨龙"的心脏里，每个焊点都融入了他的心血。面对高强度的压力、超高的温度，高凤林用自己的智慧和汗水向祖国交了一份合格的答卷。

看，火箭继续向上飞升。

垂直上升的火箭拐了个弯，排出的气体在空中形成的烟雾宛如一条白练向远方延伸。最后，火箭变成一个小小的亮点，消失在茫茫的天际。

当人们观看火箭一飞冲天的时候，恐怕没有人会想到，有一个叫高凤林的年轻人，曾经为了这个精密的航天器付出了怎样的辛劳与汗水。看着火箭成功发射，高凤林在心里暗下决心，再接再厉，向新的高峰攀登。

这一年，二十二岁的高凤林信心满满，感觉浑身有使不完的力气。只要国家一声呼唤，他便能立刻冲锋陷阵。他总是把手里的防护面罩和焊枪擦拭得干干净净，像战士爱惜自己的钢枪一般。

随着祖国建设步伐的加快，211厂也不断地接到各种业务订单，新的任务说来就来了。

这项新任务是生产一种真空系列炉产品。这种设备体积大，需要一项热处理技术支撑。这项技术当时在国内还是一项空白，所以没有可以借鉴的经验。然而，这种产品却有着保护环境、改善人民生活的惠民意义，有着广阔的市场前景。

这种真空系列炉产品，包含真空炉主机、加热室及加热元件、真空隔热门、送取料机构、油淬机构、液压系统、真空系统、充气系统、水冷系统、电气控制系统、炉外运输车等，对焊接技术有非常高的标准要求，焊接任务也非常繁重。

国外倒是有可借鉴的经验，可是人家早把这项技术垄断了，想要花钱购买，那可就是天价了。

面对国内的技术空白，广大科技人员和工人师傅艰苦努力，终于研制出一系列产品，但由于效率不高，它们无法满足国内外市场的大量需求。其中系统部分非常关键，抽真空、炉内的各种连带机械动作都要靠系统来完成。以前的方法是师傅们用放大样做实物进行生产，有时一个实物需反复做才能连接在炉上，既浪费了人力、耽误了生产进度，又加大了原材料的消耗。

高凤林虚心地向老师傅们学习了放大样的技术后，觉得这种工艺操作方法比较落后。上学时，他就看过电影《青年鲁班》，其中涉及的虽是建筑空间，但有一点给了他启发，那就是一切空间都能用几何和计算来表述。顺着这个思路，高凤林运用平时积累的知识，经过反复的试验，平生第一次向传统落后的生产工艺发起了挑战。因为以前都是师傅怎样教，徒弟就怎样学，这次在征得师傅的同意后，在师傅略带疑惑的目光中，高凤林仅用了3个多小时就完成了焊接组装任务，而以前完成这样的工作，通常要用15天。领导和师傅看在眼里，喜在心上，连说："好样的，好样的！"并戏称高凤林是"系统专家"。

1985年，全车间37名一线工人很快就完成了45台真空炉的生产任务，其中重要的系统组装是高凤林和另一名青年同志完成的。他们提前一个月完成了真空、液压、充气三大系统的焊接组装任务，提高工效10倍以上，节约原材料50%。为了鼓励高凤林的改革创新，在车间师傅们的极力推荐下，单位领导把青年中唯一的晋升名额给了他。

高凤林总觉得人不能没有追求，而只有当人生的追求和社会的需要同步时，才能真正体现出自身的价值和人生的意义。

总结大会上，厂领导激动地称赞道："同志们，咱们14车间的高凤林同志，在面对市场繁重的任务需求时没有选择退却，而是迎难而上。仅是这一项成果，每年就为国家节省原材料费用70万元。70万啊，这是多么了不起啊！"

此后，在各级领导和职工同志的支持和帮助下，高凤林带领团队又攻克了一系列难关，出色地完成了国家航天重点型号系列批产的任务，特别是在火箭发动机泵前阀组件的攻关生产中。阀座组件相当于火箭发动机心脏的瓣膜产品，以前在其他单位生产，合格率只有30%左右。面对那些年我国火箭高密度发射的需求，这样的合格率远远不能满足需要。厂领导决定把这一任务交给高凤林班组来完成。阀座组件是由LF6铝合金的上法兰、LD10铝合金的下阀座和不锈钢波纹管的中间部分软钎焊而成的，这种产品对高凤林班组来说属于跨行业生产，因为在这之前高凤林班组都是搞熔焊的。

领导找到了高凤林："小高，这个项目的相关参数指标你都看了吧，咱们需要在这个项目上有所突破，可是目前面临的困难和问题不少啊，厂里每年都要消耗大量珍贵的原材料，可产品合格率仅有30%。"

"领导，您说的情况我之前也看到了。这个项目涉及的软钎焊技术对咱们来说确实是一门新课，我以前没有接触过。"高凤林回答得很朴实。

"你聪明，眼界也开阔，所以，我想把完成这个项目的艰巨任务交给你。"

"您能给我多长时间？"高凤林问。

"半年吧,你觉得怎么样?争取用半年时间拿出一批合格的产品来。"

高凤林思索了一下,郑重地点了点头。

老实说,高凤林班组不是不愿意接这一任务,实在是在这之前他们对软钎焊一点儿概念也没有。面对组织的需求,高凤林又开始了没日没夜的学习,白天研究机组,晚上就住在图书馆里,还利用闲暇时间浏览相关专业技术网站。

那一个个藏在迷雾当中的技术密码,被高凤林一点儿一点儿地破解着。在历经数月的探索后,他终于对软钎焊加工的原理和技术有了一定的掌握。于是高凤林马上组织部分精兵强将开展前期攻关工作。他亲自带领大家做试验,分析过程,查阅大量国内外资料,从这种阀的特型结构到钎焊填充金属,再到钎剂的影响与制备……他分析出主要影响因素,进行优化控制和改进。但效果不甚理想。面对大家的畏难情绪,高凤林不断鼓励大家,失败是成功的阶梯,一定要从失败中分析原因。最后,高凤林班组终于攻克了30多道复杂的技术工艺难题,使该产品的合格率由原来的29%,提高到98.7%,满足了批产的需求。院专家在评审中,对他们取得的这一成果表示惊叹,他们的成功也揭示了发挥个人潜能、注重团队合作、加强创新交流是不断走向成功的基础的道理。随着科技的发展,走"合作创新、团队创新、集智创新"之路,将是推动航天重点型号取得成功的关键所在。

面前本没有路,高凤林班组靠他们的双脚踏出了一条路。这一路上,他们栽过跟头,被荆棘划破过双腿,甚至还几次摔进了山谷，但他们都没有退缩，而是从地上爬起来，掸掉身上的尘土，继续大踏步地向前走去。

为什么要献血

高凤林在211厂取得的成绩是骄人的。他这么年轻，就有这样的才华，不仅获得了荣誉，也赢得了大家的喜爱和尊敬。但这一切并没有使高凤林骄傲自满。回想自己这几年的工作经历，从焊接长征三号发动机燃烧室，到为真空系列炉提出并实施创新操作法，高凤林越来越感到自己的知识储备不足，在技校里学到的焊接技术早已不够用了。对于国外先进的焊接技术，他虽然已经从各种资料上自学了一些，但那些技术达到的高度是他踮着脚也难以企及的。如果他想在焊接的道路上走得更好更远，光靠热情和自学是不够的。

1987年，高凤林酝酿了一个大胆的计划，这也是他思索多年才做出的一个重大决定——他要去专业院校"回炉"深造，再次开启自己的学生生涯。

高凤林把自己的想法悄悄地和要好的工友说了。工友也许是舍不得他走，于是直言反对："你在咱们厂里已经是大名鼎鼎了，自己带徒弟都可以了，还去当什么学生呀？"

高凤林和他解释："我可不是想躲出去享清静，你也知道，咱们车间接了这么多的活儿，就说发动机组装焊接方面的技术吧，还不够成熟呀，需要改进和创新的地方太多了。我想找个机会去学习一下，然后回到厂子，到那时，咱们再有生产方面的困难也不怕了。"

可要想到专业院校去学习，还需要得到领导的批准。

厂领导听了高凤林的请求后，先是一笑，然后又立刻绷起脸来，嘴巴里斩钉截铁地吐出两个字："不行！"

领导不批准的理由也很充分："不是我不通情达理，故意阻挡你的进步。第一，厂子里现在正缺人手，而你高凤林正是主力，你走了，这些活儿谁来干？"

说到这儿，领导拍了拍高凤林的肩膀，又把食指和中指伸了出来，用一种很温和的态度继续说道："还有第二，大家都知道你小子有本领，聪明能干，是块好料，我们好不容易把你培养出来了。你到外面学习，如虎添翼，翅膀硬了，学完了，谁知道你小子会飞哪儿去呀？"

如果换了别人，被领导这样一劝说，或许就会打退堂鼓。可高凤林就是高凤林，他是不会轻言放弃的。

第二天，高凤林又敲开了领导办公室的门。

"不是说好不去上学了吗？你怎么又来了？"

高凤林满脸堆笑："我特别理解领导的担忧，更感谢这些年来领导对我的培养。我这一辈子都不想改行了，就要把焊接这活儿干到顶尖水平。但这只是我的理想，真要实现这个目标，不去专业院校学习，不掌握最先进的技术本领，是不行的。等以后工作上遇到了问题，领导们只会更加着急呀。到那时候，现学就来不及了。您说是不是？"

高凤林的这番话，还真是把领导给说动了。

高凤林继续说："去年我就和您提到过想找机会去专业院校学习深造，但那时因为单位的工作实在太忙没有实现。这一拖就是一年。要是您再不让我去，那可就真的晚了！不是耽误我，而是耽误咱们以后的工作呀。"

"这——"领导迟疑了一下，"你这小子，还真的说到我心里去了，科技发展得这么快，咱们厂这些一线的技术工人也要提高自身的技术水平。我可以让你去学习，不过……"

"不过什么？"

"不过你要给我写个保证书，一共三条，你写完了，我就批准。"领导说。

"只要让我去学习，别说三条，就是三十条我也答应！"

领导说："第一，虽然你去高校学习了，但人事关系等都要留在厂里。"

高凤林满口答应："行，没问题，肯定不会影响。"

"第二，厂里来紧急任务时，你得回来。"

"好，没问题。"

"第三嘛，"领导瞅着高凤林，一字一句地说，"第三条最重要，学完之后，你不能跳槽！"

"您放心，我这辈子就和咱211厂拴在一起了。我不走，谁也赶不走我！"

领导看着高凤林一笔一画地写下了保证书，笑着说："好，那咱们就一言为定吧。你现在还兼着咱们车间的团支部书记吧，可以考虑换别的同志来接一下。"

领导终于批准了高凤林的请求，允许他去专业院校深造了。可是，专业院校岂是谁想去就能去的？也有不少伙伴在私下里议论："去专业院校深造，哪有那么容易？人家那得考试呢。据说考题是市里统一出的，不比考大学的题简单。再说，咱们厂子眼下正忙着呢，就算领导同意他高凤林去学习了，可他也得上班呀。如果那样，他哪有时间去复习功课呀？"

工友们说的话也有道理，考试在即，高凤林如果不争分夺秒地抓紧复习，就算报了也考不上。可是，他又不能为了复习功课向领导请假。自己都写保证书了，第一条不就是不能影响生产任务吗？

可再大的困难也难不住充满智慧而又有决心的高凤林。

这天下午，他来到了厂门口的献血站。

"我来献血！"

"好，欢迎，请坐！"一位穿着白大褂的护士把一张表格递了过来，"按上面的要求填写。"

无偿献血，无私奉献，利人利己，大爱无疆。但高凤林来无偿献血，除了献爱心之外，还有一个不为外人所知的"小私心"，那就是请假——厂里有规定，凡无偿献血的职工，拿着无偿献血证明，就可以获得半个月的假期。

那时候的高凤林身体比较虚弱，200mL的血液抽完，他差点儿晕过去。

就这样，在来之不易的半个月的休息时间里，高凤林如同战场上发起冲锋的战士，向着知识的高峰发起了一次次猛烈的进攻。他把自己埋在了书里，学得昏天暗地，厚厚的一摞高中知识汇编被他一遍遍地来回复习着。他几乎天天都在熬夜，睡眠严重不足，眼眶发黑。他的体重也在急剧下降，一度降到了历史新低——106斤。他瘦得让人心疼。

领导知道了高凤林的情况后，也非常心疼他："注意休息，身体永远是最重要的。"

厂里的领导和工友们给了高凤林热情的支持，创造了一切条件，让他专心学习。如今，高凤林一回想起这些，话语里仍充满真挚的感激之情。

重启学生生涯

高凤林凭着自己坚忍的毅力和执着的精神，带着厂领导、工友们的大力支持，在考试中取得了优异的成绩，获取了一张宝贵的录取通知书。

1988年秋天，高凤林背着书包，扛着行李，走进了首都联合职工大学的校门。

高凤林在首都联合职工大学里学习的是机械专业。久违了，学校里琅琅的读书声，还有宽阔的操场、明亮的教室、安静的阅览室。高凤林睁大了眼睛，贪婪地看着校园里的一切，风景是那样优美，环境是那样舒适。"我一定要珍惜时间，好好地给自己充充电。"高凤林在心里暗想。

高凤林的笔记本里，那些关于焊接的知识被记得清清楚楚。

"金属焊接的历史可以追溯到数千年前，早期的焊接技术见于青铜时代和铁器时代的欧洲和中东地区。数千年前的古巴比伦两河文明已开始使用软钎焊技术。"

"19世纪末之前，普遍的焊接工艺是铁匠沿用了数百年的金属锻焊。最早的现代焊接技术出现在19世纪末，先是弧焊和气焊，稍后出现了电阻焊。"

"在20世纪早期的第一次世界大战和20世纪中期的第二次世界大战中，各个国家对军用设备的需求量很大，与之相应地，廉价可靠的金属连接工艺也受到重视，进而促进了焊接技术的发展。战后，先后出现了几种现代焊接技术，包括目前最流行的手工电弧焊，以及熔化极气体保护电弧焊、埋弧焊（潜弧焊）、药芯焊丝电弧焊和电渣焊等自动或半自动的焊接技术。"

"20世纪下半叶，焊接技术的发展日新月异，激光焊接和电子束焊接被研发出来。今天，焊接机器人在工业生产中得到了广泛应用。研究人员仍在深入研究焊接工艺，继续开发新的焊接方法，并进一步提高焊接质量。"

在学校里，最让高凤林向往的一个去处，是一个宽大的车间。那里有机器的轰鸣、马达的欢唱，也有电焊迸射的星光。

　　高凤林很快就适应了学校的生活。他坐在教室里，听知识渊博的老师系统地讲解机械理论。有些理论对于那些初入校门的学生来说还很陌生，但对于已有多年工作经验的高凤林来说，却闪烁着理论的光芒，会在某个瞬间把他此前积累的经验、遇到的困惑全部照亮。他是从生产一线下来学习的，他的脑子里装了太多在14车间积攒的疑问。现在好了，他可以随时随地请教老师。学校的老师也很喜欢这个来自工厂的学生。在焊接的实践方面，这个学生有着很多经验，甚至可以胜任实践课的老师。可是他还是这样好学，老师们都喜欢他的学习态度，课外给他开了不少"小灶"，给他找来了很多国外最先进的机械、焊接方面的资料。

　　"凤林，该吃饭了！"可高凤林仍坐在教室里看书，没动。

　　"凤林，走，咱们去打篮球！"可高凤林的眼睛还是盯在书本上，任你用九头牛也难以将他拉走。

　　高凤林就是这样，白天刻苦学习，晚上也不歇着。每天吃过晚饭，他就一头钻进学校的车间里，一边观察，一边琢磨。晚上躺在床上，他也不会立刻进入梦乡，而是将当天学到的知识不断地回味总结。有时，他会突然穿上衣服，轻轻叩开老师的房门，将心中的疑惑向老师请教。

　　在首都联合职工大学的三年时光里，高凤林吮吸着知识的甘露，茁壮成长。他感觉自己有了明显的进步，真正做到了把理论和实践结合在一起，而像他这样的新型的焊接工人，其实并不多。

　　三载风霜雨雪，三度花开花落。高凤林以优异的成绩让每一门功课的学习都有了沉甸甸的收获。

按照一般人对自己的要求，高凤林的理论知识和实践经验早就够用了。可他没有放弃学习，更没有失去前进的动力，这才让他最后成长为现在的高凤林。

在学校，高凤林时常一学习就忘了时间，待回过神来时已经是凌晨了，再加上吃饭时他也总是拿着书边吃边看，经常是草草对付一口了事。由于长期过度劳累，还不到三十岁的高凤林头发就一把一把地掉，三年下来，高凤林的发际线已经明显地后移了，但对此他自己却只是笑笑。

经过三年的学习，高凤林以一个学徒的姿态完成了自己的又一次成长蜕变。毕业时，他以各科全优的成绩拿到了毕业证。而后，他又继续深造，2000年，高凤林考入北京理工大学计算机科学与技术专业。同年，高凤林突破理论瓶颈，开发了包括机械控制、操作、气体流量比选择等在内的一整套工艺方法，成功解决了4种不同材料对接焊在高压高温环境下要求所有焊缝质量必须保证一级而理论上又难以达到的难题。

高凤林很喜欢鹰，他也想成为一只雄鹰，在技术的天空中翱翔。

焊接高地的第一座高峰

在学习焊接技术的道路上，有一本书给高凤林留下的印象最深。这本书是田锡唐教授主编的《焊接结构》。田教授是浙江人，生于1927年，曾任哈尔滨工业大学焊接教研室主任，长期从事焊接结构的教学和科研工作，是国际焊接学会的理事。

田锡唐教授在高凤林眼里，是明星，更是他崇拜的偶像。田教授主编的书，让高凤林对焊接的基础理论有了一个清晰的认识。焊接，看似简单，其实内涵丰富。在首都联合职工大学三年的学习，更是打开了高凤林的眼界，让他的视野扩展到了国外先进的焊接技术领域。

随着科技的发展进步，各工业发达的国家越来越重视焊接技术的创新。美国、日本、德国的专家们多次召开会议，讨论焊接的作用和发展方向，业界人士一致认为，随着时代的进步，焊接仍将是制造业的重要加工技术，它是一种精确、可靠、低成本连接材料的方法。目前，还没有其他方法能够比焊接更为广泛地应用于金属的连接方面。

与发达国家相比，我国在焊接的理论研究和实践方面还是有一定差距的。比如，很多发达国家重视发挥焊接研究机构的作用，基本上形成了大学、研究所和企业的三级研究开发体系。这些国家有自己的焊接研究所，并通过大量经过严格培训的技术工人，将研究成果转化到生产实践中去。好在我国已经注意到了这方面的问题，开始了奋起直追，正在迎头赶上，我国与发达国家的差距正在一天天地缩小。

高凤林在首都联合职工大学学习期间，一边在校学习，一边经常回到所在的211厂。他当初去学习，就是要把自己的焊接工作做得更好。他没有忘记当年对厂领导的承诺。

1989年的一天，211厂的总工程师（以下简称"总工"）把高凤林找到了办公室。

"总工，您找我？"以前，在高凤林的心里，厂里的总工是一个相当威严的角色。厂里重大的生产计划、技术研发、实施把控都是由总工主要负责的。其实，厂里的总工是一个很慈祥和蔼的老同志。他早就了解到高凤林这个很有潜力的焊接工人，当初对他去学习深造也给予了支持。

总工把一杯茶水递给高凤林，亲切地拍了拍他的肩膀，关心地问起了他在学校的一些情况。这让高凤林一下打消了原有的胆怯和局促。

"总工，您如果有什么指示，需要我干什么活儿，就直接吩咐吧！"高凤林快人快语。

于是，总工也直奔主题："有一个任务，我打算交给你。"

"什么任务？"

"当然是焊接了，"总工说，"小高，你一会儿就去找喻以

2011年，高凤林在进行火箭发动机喷管焊接

2013年，高凤林在进行新型火箭发动机喷管研制

2014年，高凤林在操作九轴机器人智能焊接系统焊接长征五号芯一级发动机喷管

明副总工程师。喻副总工程师你熟悉吗？"

高凤林答："我认识，喻副总工程师是咱们单位的正高级工程师，是我一直敬重的前辈呢。"

"好，那就好，这项任务的具体内容和操作步骤，都由喻副总工程师告诉你。"说到这儿，总工稍稍停顿了一下，把目光移到了窗外，话题也拉得远了些。

"小高呀，你到学校深造，一定有很大的收获，别忘了，你的身上寄托着全厂领导和职工们的期望啊。"

高凤林点了点头："我明白。"

总工接着说："小高呀，航天焊接领域有许多需要攻克的技术难关，你要不断地用理论武装自己，才能对现有的焊接技术推陈出新。"

"请总工放心，我都记住了。"

这一年，也就是1989年，喻以明副总工程师带领高凤林和他的工友们，向着焊接高地的第一座高峰开始了攀登。

任务是艰巨的，道路是曲折的。

那是当时亚洲最大的火箭整箭振动塔，高达80米。它是用于我国第一种大型捆绑式运载火箭——长征二号E运载火箭，也就是人们常说的"长二捆"火箭的整箭振动塔。

在建设这座振动塔的过程中，有一个关键之处，就是塔中用于支撑火箭振动大梁的焊接必须达到要求。这振动大梁的焊接任务，就交到了高凤林和他的工友们手上。

这项任务具有相当大的难度，因为大梁所使用的是一种新

⊙ 高凤林（右二）给年轻人传授知识

型、特殊的材料，所以焊接它绝非易事。这种材料在常温下强度非常高，韧性非常好，是制造振动大梁的最佳选择。可是要把这种材料焊接起来，在当时，起码在211厂子里还没有人能完成。

这里面的难度在于，这种材料焊接应力状况极为复杂，按照设计要求，焊接强度不能小于材料本身强度的90%，属于质量标准最高的一级焊缝。

喻以明副总工程师告诉高凤林："这个火箭是专为发射澳星（澳大利亚的通信卫星）研制的，成功发射澳星是我国航天技术在国际上的一次重大展示。咱们厂受命承担如此重任，大家都感到压力很大啊。你能完成焊接任务吗？"

高凤林看着喻副总工程师，眼神坚定地回答："我知道这项工作不仅包含着厂领导和工友们的信任，更是本次发射成功的关键之一。我一定完成任务！"

说完，高凤林带着所有的相关资料，将自己锁在屋里，整整三天没有出来。

在这三天中，他根据自己多年的学习成果和积累的经验提出了一套全新的焊接方案——通过控制温度来达到焊接工艺要求。

方案拿了出来，总工召集全体一线技术人员开会讨论。大家一致认为，这个方案设计得科学合理，有可操作性。

接下来，又是高凤林操着焊枪，进入了工作面。一道道蓝光在他的手边闪烁，迎来了东方的晨曦，也送走了西边的晚霞。

最终，"长二捆"顺利携带着澳星成功发射。那一刻，轰鸣声震天动地，烈焰升腾，全世界数以亿计的观众通过电视节目，

⊙ 高凤林（左）"一带一"工作模式

看到了一个科技腾飞的中国。

与此同时，在距离发射现场几千里之外的211厂的那个小小的工作室里，高凤林正抱着他心爱的焊枪，流下了两行幸福的泪水。

由高凤林主攻的这项焊接工作，获得了当时航空航天工业部技术成果一等奖。

喜讯传来，全厂欢腾了。总工握着高凤林的手，激动地说："恭喜你，小高，你攀登上了焊接高地的第一座高峰！"

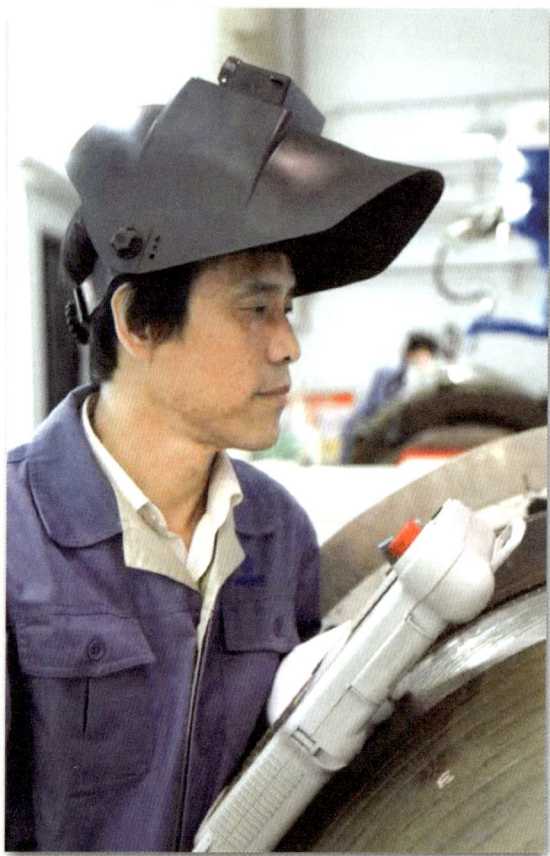

⊙ 高凤林工作时的照片

第五章　事业为天，技能为地

攀登新的巅峰

高凤林和工友们成功焊接的那座当时亚洲最大的火箭整箭振动塔，是在1989年建成的。彼时，高凤林还在首都联合职工大学深造。

一晃十年过去了，时间到了1999年，我国正在实施载人航天工程。这时又有人想起了那座整箭振动塔。载人航天离不开火箭发射，当年高凤林主焊的那座整箭振动塔还能继续服役吗？

这确实是一个问题，十年的光阴，金属也会氧化的，一个焊接的物体能否承受相应的压力？

其实这问题也很好解答，找专家来，对振动塔进行一次全面的检验测试，看看检测结果不就行了。于是，一行专家带着各种设备，对振动大梁进行了压力强度的升级测试。

结果出来了，高凤林十年前焊接的振动大梁，承载能力超过设计值60吨。

"60吨？"

测试人员摇着头，感到有些疑惑，于是再测、再算。

认真检测是对的，因为这可是关系到载人航天工程的成败啊，如果振动大梁无法承受相应的压力，航天员的生命就得不到保障！所以任何一个数字都不允许有丝毫的误差。

让人吃惊的是，最后的结论还是"60吨"，绝对正确，没有差错。

这一数据常人不懂，但在内行人的心里却如泰山一样稳重。当然，这个数字不只是属于高凤林的，也是我国航天工程高质量建设的重要标志。有了它，我国载人航天工程就多了一个坚实的支撑。

十年岁月悠悠，振动塔却如丰碑般巍然屹立。

1989年，完美的焊接振动塔的工作让高凤林攀上了一座高峰。1991年，又一座新的山峰矗立在高凤林的面前。这就是长三甲三子级发动机螺旋管束式大喷管的焊接。

什么是发动机螺旋管束式大喷管？火箭发射时，上千摄氏度高温火焰喷出的地方，就是发动机螺旋管束式大喷管。每一个喷管都是由数百根细小的方管排列组成的，而这些方管都必须要实现非常好的对接焊。假如喷管焊接不好，有一丝丝泄漏的地方，就会导致整个火箭发动机的爆炸。

由于火箭发射时喷出的火焰温度极高，因此，这种对接焊的难度非常大。这种难度很难找出合适的语言来形容。就比如说，其中极薄的一段，焊接它的时间必须控制在0.1秒内，否则方管不是瞬间被烧穿就是被焊漏。不管哪种情况出现，都意味着焊接失败，而一旦失败，将拖延整个研制周期，那样带来的经济损失将是以百万元来计算的。除了经济上的损失，国家和人民的期盼也将会落空。

　　管束式大喷管发动机能否研制成功，是我国能否进入世界航天大国之列的重要标志，而焊接这种大喷管在屈指可数的几个航天大国里都是航天发动机的关键技术。

　　面对新的焊接难题，单位立刻召开了会议，要举全厂之力，调动精兵强将，成立攻关小组，制订试验计划，安排实施工作。

　　当然，此时单位的这一切举措，已经离不开高凤林了。运筹帷幄、决胜千里时，他是诸葛亮；冲锋陷阵、枪林弹雨中，他是关云长。

　　"凤林呀，还记得长征三号运载火箭发动机燃烧室的最后组装那个项目吗？"总工严肃地问高凤林。

　　"怎么能忘呢？那是1983年的事。哦，一晃到今天，已经过去整整八年了。"高凤林笑着说。

　　"是呀，那时候，你还是一个二十多岁的毛头小伙子，和我说话时，脸上还紧张呢。"轮到总工笑了，"八年，真是弹指一挥间啊。可在这八年里，小高你已经成长为咱们单位焊接方面的能手喽！"

　　"很多事情我做得还不够，还要不断地学习。"高凤林谦虚地说。

　　"言归正传吧！"总工重归严肃，把话拉回到正题上。

　　"小高，你看，"总工指着挂在墙上的一张巨幅图表，"这是长三甲三子级发动机螺旋管束式大喷管的焊接图及相关数据。这个工程所用的材料都是新型的，以前我们谁也没有接触过。所以，我们才组建了这个攻关小组，现在把你纳入这个小组，这是经过多方面研究考量才决定下来的。"

高凤林点了点头说:"谢谢领导的信任!"

"先别说谢。对于这回大喷管项目的焊接工作,我们是遇到难题了。难题面前,大家都在想办法,怎么说呢?想来想去,还是有些一筹莫展呀。"说到这儿,总工把眼睛盯在了高凤林脸上,仿佛想从他的脸上找到答案似的。

"总工,您放心,我一定尽全力!"高凤林立刻表态。

"尽全力是肯定的了,现在要正式通知你,你不是这个团队的普通一员,而是领军人物!"

"让我领军?"

"没错,我们和主管发动机研制工作的黄总已经研究过了,这次主持攻关的重担就交给你了。"

高凤林点了点头,没有再说什么,他知道领军攻关就如同上战场,拼了命也要把敌人的碉堡攻下来。

X光下的裂纹是假象

如果火箭有心脏的话,那么发动机就是它的心脏。

长三甲三子级发动机螺旋管束式大喷管的焊接任务,就是为火箭安装心脏。这不仅需要整个团队的智慧和力量,更需要一位非凡的领军人物。

自打参加工作以来，高凤林似乎就与火箭焊在了一起。每当一个新的任务到来，他都会全身心地参与到紧张的攻关战斗中。

这次也一样。接下领军任务的高凤林，在之后的三十多个日夜里，废寝忘食，不断地研究探索，改进焊接工艺。这种创新就像作家写作时需要灵感一样，苦思冥想多日，突然火花在脑中一闪，一个新的想法就降临了。对于高凤林来说，这种灵感产生的神奇性难以用语言表达，外人更是很难理解，就像当年那个沉醉于力学研究的古希腊物理学家阿基米德，他在澡盆里泡澡，却突然悟出了浮力定律一样。高凤林很喜欢阿基米德曾说过的一句名言："给我一个支点，我可以撬起整个地球。"

撬地球的事情很难真正实现，但高凤林坚信，没有什么东西能够阻挡他手里的焊枪，他要为火箭焊接好它的心脏。

高凤林在灵感火花的迸发下，创新出多种方法：

——隔道焊分散累加间隙法；

——预紧反变形法；

——短距离连续焊防变形法；

——做插形铜垫夹具防下溢；

——下坡焊；

——起弧点加丝；

——管壁内保护；

…………

在完成了近千米长的焊缝上的最后一个焊点后，高凤林和他的工友们仿佛刚参加完一场漫长的马拉松，终于跑到了终点。这些天太累了，高凤林真想直接躺在地上好好地睡上几天，但显然此时休息还为时尚早，因为虽然焊接工作完成了，但想要让这长长的焊缝达到技术指标的要求，还必须通过严格的检验——通过X光的精密透视。人的肉眼只能看到物体的表层，而X光能穿透表层，反映出物体内部最真实的状况。

"放心吧，凤林，咱们肯定会成功的。"工友们轻松地说，还有人拉高凤林去喝顿啤酒，要好好犒劳一下自己。

"还是等等检验结果吧。"高凤林此时表现得格外冷静。

"还会有什么意外发生吗？你呀，真的是太谨慎了。"

等待检验结果的日子，高凤林觉得格外漫长，就像一个刚参加完高考的学生，在焦急地等待着分数的公布。那个分数，会决定考生的命运。

检验结果出来了。当专业机构将X光透视检验报告拿到焊接工作团队面前时，结果完全出乎大家的意料，这次焊接被判定为多处焊缝背部有裂纹。这样判定的结果，无疑是宣告了这次任务的失败。

看着这样的结果，高凤林的眼睛都直了。

"怎么会这样？怎么会是这样？"高凤林自言自语道，他感觉自己犹如被兜头泼了一盆冷水，一时手脚冰凉、手足无措。"难道是我的设计出了问题？或者是对材料的分析有误？不能呀，不应该呀！"

短暂的震惊与沮丧之后，高凤林冷静下来，他不相信经过自己严密计算、精心焊接的大喷管会出现这样的情况。然而，他并不想多说什么，因为任何个人在科学数据面前，都必须面对现实，不能想当然，更不能异想天开。只有事实和数据才会让人信服。

高凤林把自己关在屋子里，开始一步一步复盘整个设计和施工过程。他对大喷管的结构、使用的材料、焊接的程序一一进行了研究、检查，没有查出任何瑕疵。最后，他大胆地提出：X光下的裂纹是假象。高凤林迅速把自己的判断和依据报给了上级。

火箭发动机喷管焊缝背部有裂纹，这一X光透视检验结果刚一出来，就惊动了火箭研究院的工程师们。

院领导和总工亲自主持了技术分析会，副总工程师立刻责成冶金处对焊缝做剖切分析，并要提出解决方案，力求把损失程度降到最低。

就在这样的紧急时刻，高凤林给出了"X光下的裂纹是假象"的结论，让事情出现了反转。

院领导和专家们听了高凤林的汇报，都认为有道理。

一位领导当场拍板："小高呀，你准备一下，我召集相关人员开一个研讨会。你在会上做一个专题汇报，重点就一个：为什么说X光下的裂纹是假象。好吗？"

"好的，我和大家说说吧。"高凤林信心满满。

研讨会上，高凤林面对领导和专家们侃侃而谈："我们的火箭发动机喷管焊接任务，严格按照程序完成，但经过X光的检测，结果却显示大喷管的焊缝有200多处裂纹。200多处啊，这么多的裂纹实际上已经可以宣告这次的焊接工作是失败的了，但是……"高凤林略微停顿了一下，然后，他从材料的性能、大喷管的结构特点等方面展开剖析，语调平静、逻辑清晰、有理有据，解答了出现200多处裂纹的原因，并最终判定这些裂纹是假象。

原来，所谓的"裂纹"其实只是焊漏与方管壁的夹角所造成的假象，并非真实存在，更不会对火箭的安全产生任何影响。

高凤林讲完后，与会专家们又经过了反复周密的论证，最后，总设计师宣布：高凤林的判断是正确的！

后来，得知这个消息的焊接组工友们都激动得流出了眼泪，他们拍着巴掌，热烈地欢呼起来：

"凤林，你又成功了，祝贺你呀！"

"高凤林，好样的！"

"凤林，快和我们说说你此时此刻的感想。"

…………

高凤林看着大家，嘴里不停地说："谢谢，这全靠大家的共同努力呀！"然后，他又把头抬了起来，眼睛望向遥远的天边，仿佛由他们焊接的发动机正托举着火箭从那里冲向太空。他用手轻轻抹了一下眼角，动情地说："我每每看到咱们国家自己造的火箭把卫星送上太空，就有一种由衷的自豪感，这种自豪感是用金钱买不到的，我为我们伟大的祖国感到骄傲！"

受邀参加《实话实说》

1999年"五一"国际劳动节前夕，中央电视台《实话实说》栏目准备做一期题为"咱们工人有力量"的专题节目，重点介绍来自基层一线的技术工人。经过有关部门的推荐，高凤林成了这期专题节目的嘉宾人选。

《实话实说》栏目是中央电视台于1996年春季推出的一档节目，节目形式为群体现场交谈。一经播出，它就在全国的电视观众中产生了极大的反响，收视率颇高，很受欢迎。

"观众朋友们，大家好。今天，我们请到的这位嘉宾，是来自首都航天机械有限公司的焊接工人，他的名字叫高凤林，我们掌声欢迎！"主持人热情地说。

"大家好！"初上电视的高凤林还是感到有些紧张的，面对着聚光灯和摄像机镜头，他一时竟不知该怎样说话了。

多少年来，他早已经习惯了厂里的工作环境，一个人手执焊枪低头作业。焊接发出的耀眼蓝光与当时舞台上的七彩霓虹完全是两个样子。后者的光明亮夺目，是为了让观众更清晰地看清台上的人物。

"请大家看大屏幕，这就是高凤林工作的场景。"演播厅的大屏幕上随即播放高凤林手执焊枪专心作业的画面，这是电视台特意到高凤林的单位拍摄好的。

主持人继续介绍说："我们眼前的这位看起来普普通通的焊接工人，却取得了非常了不起的成绩，他是咱们国家火箭制造领域的一位幕后英雄，是一位为火箭焊接心脏的大国工匠。早在1996年，高凤林就已经登上了国家科技进步二等奖的领奖台，获得了全国十大能工巧匠等荣誉……"

观众们对高凤林报以热烈掌声。高凤林也激动地向大家挥手表示感谢。

节目录制的过程中，高凤林在主持人的引导下，终于不再紧张了。实话实说嘛，怕什么？这些年的工作自己是怎么干的？路是怎么走过来的？遇到过哪些困难，又是怎样战胜的？……主持人和高凤林一问一答，与观众们的互动也如行云流水一般，变得非常自然。

主持人最后总结："我们国家的经济建设正处在飞速发展的阶段，各行各业，特别是科学技术领域，如果没有大量的技术工人，就不可能完成预期的目标。今天的节目主题为'咱们工人有力量'，这个力量源于工人阶级的创造力，也源于全社会对产业工人和技术工人的尊重与支持。"

现代传媒在社会上产生的巨大影响力，真的是让人难以料想。那一期《实话实说》节目通过电视信号传播，瞬间就被全国无数台电视机接收到，成千上万的电视观众第一次在电视上认识了高凤林。

节目播出时，高凤林的母亲、哥哥、嫂子坐在电视机前观看，单位的领导和工友们也坐在电视机前观看，就连高凤林儿时的玩伴，小学、中学、技校和首都联合职工大学的老师和校友们也都在电视里看到了高凤林。

"是他，没错没错，就是高凤林！"

"你看，他讲得多好啊，有条有理，做一个技术工人真光荣！"

"是呀，咱当工人的就要学高凤林！"

"你们不知道呀，高凤林焊接的不是一般的产品，而是火箭发动机，火箭发动机就是火箭的心脏，对技术的要求十分苛刻，能达到那么高的水平，全国也就他独一个！"

节目播出后的火爆程度超乎高凤林的想象。"五一"假期，厂子放假，他走到哪里，都会被熟悉的人围住，人们主动上前和他握手："我在电视里看见你了，你真给咱们工人争气啊。"

"凤林，你现在可是大明星啦，来来，给我签个名吧！"

这时候，高凤林总是憨厚地一笑："实话实说嘛。我还和以前一样，啥也没变，哪是什么明星嘛。"

女儿看爸爸上了电视，也手舞足蹈起来："爸爸，我也要好好学习，等长大了，当一个像你一样有文化、有知识的技术工人。"

高凤林高兴地摸着女儿的头："爸爸就喜欢你爱学习的样子。"

"光喜欢不行，你得带我上街去买书。"

⊙ 2005年，高凤林在进行发动机焊接研究

"买书？好呀，我现在就带你去。"

在高凤林带女儿去买书的路上，他竟然被好几个路人认了出来，他们小声地议论着："瞧，那个人就是《实话实说》节目里的嘉宾，叫高凤林，听说他是给火箭焊心脏的。真是了不起啊！"

女儿在一旁开玩笑地说："爸爸，你又被人认出来了，是不是有种当名人的感觉哟？"

高凤林笑答："嗯，我呀，好像找到了'星星'（当明星）的感觉。"

而更让高凤林感慨的是，节目播出后，全国各地很多工人师傅都给他写信，甚至还有二三十名工人找到他所在的单位，就在单位门口等，非要见见高凤林本人。其中既有两鬓斑白的老师傅，也有刚参加工作的年轻人。

高凤林每次都会来到来访者面前，真诚地向他们表示感谢。来访者也很兴奋，纷纷表示："电视台的节目做得太好了，你说得也太好了，国家千万不能忽视对技术工人的重视啊！"

"你们放心，国家要发展，就离不开技术工人。咱们技术工人的社会地位会越来越高的。"

高凤林与大家一一握手，然后，他把目光投向远方，在那白云间，一群鸽子正迎着阳光展翅飞翔，一串悠扬悦耳的鸽哨划过天宇。

丁肇中教授亲自邀请

高凤林后来又先后参加了中央电视台的《焦点访谈》《大国工匠》等节目，被越来越多的人认识和了解。他的事迹被广泛传播，他也成为许多青少年学习的榜样。

随着媒体对高凤林及其工作的宣传，人们对火箭的认识也从那高高的发射塔，逐渐聚集到那些发生在火箭背后的工匠故事上。高凤林的出现，无疑向全国观众做了一次焊接工作与火箭关系的科普宣传。

"要说起我国亮相最多的单一系列运载火箭，在一段时期内，它是长征三号甲系列火箭。"

"是呀，你们看，很多外国卫星的发射任务，都是由咱们的长征三号甲系列火箭完成的。"

"这火箭发动机上大喷管的焊接，一度是我们的技术瓶颈。因为大喷管延伸段上的细方管的管壁厚度只有0.33毫米，焊枪多停留0.1秒就可能把管子烧穿或者焊漏。"

……………

频繁在电视上亮相后，高凤林真正成了"名人"。"名人"总是很忙的，找他开会、做报告的多了起来。但面对桌上摆的写着自己名字的桌牌，以及台下长枪短炮似的摄影机、照相机，高凤林真的很不习惯，这样的场面让他不舒服。

那哪儿舒服呢？他感觉最舒服的地方，就是自己熟悉的车间，那里有他最喜欢做的事情，有他心爱的焊枪，有他就算绞尽脑汁也乐意去破解的难题。他是一个真正拿"枪"的战士，他最快乐的就是挑战困难，挑战自己，挑战人生。

2006年11月，高凤林迎来了他人生中非常重要的一次大考——真正的国际级大考。

事情还要从诺贝尔物理学奖获得者丁肇中教授说起。美籍华人丁肇中教授是世界闻名的物理学家，美国麻省理工学院物理系教授。他长期从事高能物理实验研究，在精确检验量子电动力学、量子色动力学和电弱统一理论方面有突出贡献，在寻找新粒子、发现新的物理现象方面取得了一系列重大成果。这样一位科学泰斗级人物，怎么会和高凤林这么一位焊接工人产生关联呢？

情况是这样的：这一年，有一个由十六个国家和地区参与的暗物质与反物质探测器项目，在焊接时搁浅了。

探测器用的是液流氦低温超导电磁装置，如果制造成功，它将搭乘美国航天飞机"奋进号"到国际空间站执行探测任务。此前，该项目已经请到了国际上两拨"顶尖高手"进行方案论证，但均因为工程难度巨大而受阻。丁肇中教授作为这个国际项目的主持者之一，召集大家在一起研究解决对策。

这个级别的项目组，是可以站在世界科技顶层来挑选最优秀的人才参与项目的。于是，来自各国各地区的技术专家纷纷提出了自己的方案。项目组的专家们把各方报上来的方案进行了认真的评审。可是这些方案有的是有理论，缺少实践，可操作性不强；有的是实践有余，而理论不足，不能支持后续庞大的项目技术。最后，一个也没有通过。此时，很多人把希望寄托于欧美发达国家，希望能在那些有着先进经验的高校里找到"武林高手"。可还是事与愿违，让人失望。

正在大家一筹莫展的时候，有人向丁肇中教授提供了一个线索："中国的北京有一位工人，在这种特殊结构的焊接方面很有建树。他不仅有理论，更有丰富的实践经验。"

"是吗？他能行吗？他都做过哪些项目？"

"中国人有一句话，叫'高手在民间'。我觉得这个人行。我在电视上看过关于他的介绍，他做成功的项目可多了，报纸上报道过。"

"举几个例子。"

"比如长征三号甲系列火箭，哦，我说的是这些火箭的关键部位的焊接，都是由他完成的。"

"是吗？这个工人叫什么名字？"

"他叫高凤林。"

"高凤林。"丁肇中教授重复着。

"我现在就联系有关单位，把高凤林叫来！"工作人员说。

丁肇中教授摇了摇头："不，不是'叫'，是'请'，我亲自去邀请。这样的技术人才应该被'请'到我们这个会议中心来，我们这个项目希望得到他的帮助呀！"

厂长很快接到了上级的通知，找到高凤林说："一定要拿出你的看家本领，千万不能掉链子。"

高凤林语气坚定地说："厂长，您放心吧，我一定全力以赴。"

第二天一早，高凤林就直奔承制基地——祖国的大西北甘肃兰州而去，中午时分抵达。接待他的上海交通大学领导边同他一起吃午饭边向他介绍："丁老这次组织的暗物质与反物质探测器项目是由美国国家能源部（EOD）资助、美国国家航天局（NASA）为主执行机构、全世界十六个国家和地区参与合作的项目。探测器使用的是液流氦低温超导电磁装置，预计使用美国最后一班航天飞机运送至国际空间站，探测三年以上……"

听到这里，高凤林感觉压力陡增，这工程确实异常复杂，难度巨大。

公司的总经理也出面迎接高凤林，当看到只有高凤林一个人来的时候，担心地说："之前来的那么多人都没能解决问题，您就一个人来，能行吗？"

高凤林没有吱声。他到现场后，首先进行了基础性调研考察，然后听了有关人员对前几个方案的详细介绍和分析。

所有人的眼睛都盯在了高凤林的身上，想知道对于那么多资深学者都没能解决的难题，他能有什么妙计高招。

高凤林凭借自己深厚的理论基础和丰富的实践经验，不慌不忙地说出了自己的想法："按照传统的控制方法，之前的几个方案都没问题，但是对于这种特殊结构，传统控制方法确实存在重大隐患。"

"那么，高先生，请拿出您的高见。"

"好的，下面我就把我的方案说一下，请各位专家审核。"

高凤林的神色不卑不亢，语调不低不高，向大家陈述了自己的设计方案。

他的设计方案逻辑缜密，条理清晰，并具有极强的可操作性。方案得到了包括丁肇中教授在内的众多专家的一致好评。丁教授笑着拉住高凤林的手，称赞不已。

两个月后的一天，丁教授的秘书给高凤林打来了电话："高先生，告诉您一个好消息，您的设计方案已经获得国际联盟总部的认可，现在马上就要进入项目实施阶段了。"

"谢谢，谢谢！"高凤林在电话里说。

"还有一个好消息呢。"秘书接着说。

"丁老准备委任您以NASA特派专家的身份前往现场督导项目的实施。"

"是吗？那我要和厂里的领导请示一下。"

厂领导听到这个消息也是高兴极了，厂长把高凤林叫到办公室："凤林同志，从厂里到院里，各级领导听到这个消息都十分兴奋呀。我们支持你去现场，支持丁老对前沿科学的探索活动。你放心去吧，一定要为厂里、为咱中国航天人争光呀！"

高凤林的设计方案通过了国际联盟总部的评审，这给无数科学家和机械师打开了新的思路，也一度震撼了科学界和机械界。这一下，"中国焊将"高凤林在国际上提高了知名度。

如同在国际比赛中摘下了一块世人瞩目的金牌，高凤林这个普通的焊接工人，在国际舞台上大显身手，四两拨千斤，把一个困扰专家们多日的难题解开了，真是给全体中国技术工人长了脸、争了气。这一年，高凤林荣获了中国高技能人才"十大楷模"的称号。

后来，一位参与该项目的著名专家这样评价高凤林："他既有深厚的理论基础，又有丰富的实践经验，他从两个维度看问题。看来，高技能人才大有用武之地啊！他会前途无量的！"

⊙ 2006年，高凤林受到表彰后回到单位时留影

第六章 崇拜技术，挑战极限

应对难症，妙手回春

漫漫人生路，如同一场马拉松，每个人都是赛场上的运动员。路在脚下，没有捷径可走，唯有坚守信念，一步一个脚印地朝着目标迈进。

今天，当走进高凤林国家级技能大师工作室的时候，人们便能看到一个倒扣在人工操作台上的巨大的锥形金属物，这便是火箭发动机的喷管。喷管上有数百根空心管，空心管管壁的厚度只有0.33毫米。这些空心管通过焊接被"编织"在一起，每个焊点的宽度只有0.16毫米，容不得半点儿偏差。

这一切都需要功夫。为了练功，高凤林吃饭的时候会用筷子练习"送丝"的动作，喝水的时候会端着盛满水的水杯练稳定性，此外，他还练就了十分钟不眨眼的绝活儿。高凤林就像一个有着丰富经验的老中医，面对焊接方面的各种疑难杂症，他都能妙手回春。久而久之，高凤林成了远近闻名的能工巧匠。

桃李不言，下自成蹊，由于高凤林名声在外，社会上的一些单位遇到解决不了的技术难题，也纷纷前来登门求助。

一次，某单位从俄罗斯引进的一种中远程客机的发动机出现了裂纹。发动机是飞机的心脏，它出现了问题就必须马上检修，

⊙ 高凤林训练时用的搪瓷杯

一刻也不能耽搁。

可维修人员修了几天也没有修好。

"问题很严重，我们修不了，还是请权威专家来修吧。"维修人员向上级报告。

"到哪儿请权威专家？"上级领导问。

"当然是请飞机的制造商了，这架飞机是俄罗斯生产的，请俄罗斯厂家的专家来修理吧。"

俄罗斯的专家来了，围着飞机看了一圈，两手一摊，摇晃着脑袋说："现在只有一个办法，把飞机上的发动机拆卸下来，运回到俄罗斯去，回到了厂里，一切都会修好的。"

这时该单位的负责人又问："那能告诉我们发动机出现的是什么问题吗？"

俄罗斯专家答："是发动机里的物件在焊接方面出现了问题，你们修不了的，必须送回我们俄罗斯去修。"

听说是焊接方面的问题，该单位的领导一下子就想到了211厂有一个叫高凤林的焊接专家，他连飞上天的火箭发动机都能修好，说不定飞机的发动机能修好呢。如果是那样，不仅会给企业节省很多的钱，也会节省大量的时间呢。

于是，该单位领导对俄罗斯专家说："如果你确定是焊接方面的问题，我们考虑不必将发动机送回俄罗斯修理，我们自己就有专家，可以解决的。"

"什么？你们有专家？"俄罗斯的专家呵呵笑了起来，一副根本不相信的样子，"我真的不相信，你们还能找来中国自己的焊接专家。不过，这是你们自己的事情，你们愿意请，那就请他来好了。"

高凤林来了。

在机场，俄罗斯专家上下打量着眼前这个瘦弱的年轻人，脑袋摇得像拨浪鼓一样。

"这是开什么玩笑呀，我不相信，这么个年轻人会修理如此复杂的飞机发动机。"

高凤林围着发动机上下左右、仔仔细细地看了一遍，和机场的维修人员认真地讨论了一会儿，然后，他向这位俄罗斯专家伸出了十根手指头，说："我可以修好的。"

看着高凤林伸出的十根手指头，俄罗斯专家有些不解地问："你可以修，时间是十天吗？"

高凤林摇了摇头："不对，不对，太长了。"

"那是十个小时？"

"也不对，还是太长了。"高凤林笑着说。

俄罗斯专家有些蒙："什么意思？你需要多长时间能修完，莫不是十个月吧？"

"十分钟！"

高凤林通过翻译告诉俄方专家："您等着，这点小毛病，我十分钟之内就能把它焊好！"

十分钟，这么短的时间内怎么就能焊接好？尽管在场的所有人都对高凤林早就寄予了很大的希望，但还是觉得高凤林此言一出，实在是有点儿托大了。

高凤林不再说话，他拉过电源，操起工具，开始焊接发动机上的裂缝。

所有人的眼睛都紧盯着高凤林，修理大厅成了他表演的舞台。焊枪在他手中闪出的道道蓝光，射向幽深的裂缝，绽放出奇光异彩，别有一番景象。

"焊接完毕！"

高凤林轻轻地说了四个字，同时把脸上的防护罩摘了下来。

此时有人偷偷地看了一下手表，还不到十分钟呢。高凤林真的把这个难题解决了？还有一位一直怀疑高凤林能否在十分钟内完成的小伙子，在一旁简直有些看傻了，赞叹道："这么快，奇迹呀！奇迹呀！"

高凤林焊完了，最后的结果怎么样？俄罗斯专家拿着各种仪器，里里外外仔细地测量检验，反反复复检查了好几遍，敬佩地对高凤林竖起了大拇指。

高凤林展现了中国人的志气，展示了中国高技能人才的技艺，为祖国争得了荣誉。类似这样的事在高凤林身上早已不足为奇了。他不再是一个普通的焊接工人，而是一个有着高尚情怀的诗人。焊枪就是他手中的笔，任他在金属上书写出一行行精彩的诗句。

一次最危险的技术攻关

2007年9月，高凤林在自己的职业生涯中，遇到了一次最危险的技术攻关。

秋风起，田野里的庄稼进入了收获的季节，树上的叶子也在秋风的呼唤下，悄悄地由绿变黄。我国航天工程的又一个重要项目——长征五号的研制也在此时进入了一个关键时期。本来一切都在正常有序进行，可机器突然开始报警了。

情况紧急，必须火速进行检查。原因很快就找到了，是发动机在发射台试验过程中突然出现了内壁烧蚀的情况。发动机作为心脏部位，所用材料都是经过科学家反复研究测试才进入到应用程序的，为什么还会出现这样的问题？

"内壁烧蚀"是一个非常专业的术语。发动机上的每种材料都要符合技术要求，因为火箭的飞行速度非常快，它在穿越或返回大气层时，都会和大气摩擦而产生高温。火箭头部的温度有时会高达8000℃～12000℃，这一温度可以熔化目前我们已知的绝大多数材料。但载人宇宙飞船和返回式人造卫星为什么能在如此高的温度下安全穿越大气层进入太空轨道，又能顺利返回地面而不被烧毁呢？这就要依靠烧蚀材料了。

烧蚀材料是在火箭头部和返回舱的外表面包敷的一种特殊的保护层。当火箭在高速飞行中与大气产生摩擦、温度骤然上升到几千摄氏度时，烧蚀材料便以"自我牺牲"的方式一层一层地变为气体，把摩擦产生的热量带走，因而火箭里头的温度不会升高。只要用烧蚀材料做的保护层有足够的厚度，就可以保证火箭在穿越大气层的短暂时间内安然无恙。

但现在，发动机在发射台试验过程中出现了本不应该出现的内壁烧蚀现象，怎能不让这个项目的总设计师着急呢？

"哎呀，怎么办呀！我现在是心急如焚呀！"总设计师焦急地说。

"从发生的部位上看，以目前现场人员的技术能力我们是解决不了的，只能请求援助了。"助手瞅着总设计师，提出了建议。

"是应该采取求援了，如果我们不能按时完成试验，拿不到关键数据，将会造成巨大的经济损失。情况紧急，刻不容缓。我看要想解决这个难题，还得找高凤林出马！"总设计师在第一时间想到了高凤林。

"好，我立即向上级请示，让高凤林火速赶来！"

高凤林带领相关技术人员匆匆地赶来了。他看了一眼试验现场的情景，也不禁有些挠头。

在火箭发动机试车台的十米之外，就是易燃易爆的大型液氢储罐。焊接工作是要远离明火和易燃易爆物品的，如此这般的"亲密接触"，稍有不慎就可能会导致剧烈的爆炸。

再看地势。火箭发动机的试车台恰处在一个半山坡上，脚下就是几十米深的山涧。有恐高症的人从工作面往下瞅，肯定会额头冒汗、双腿打战，稍有不慎，就会跌入深谷，真是命悬一线呀。

最关键的是，在焊接的工作面周围，维修者无论站在哪个地方，都根本观测不到故障点，因为那个操作空间十分狭小，维修者只能勉强塞进去一只胳膊，想用眼睛去观察，是什么也看不到的。

这是高凤林职业生涯中遇到的又一个疑难杂症。

时间在一分一秒地过去，眼看太阳就要下山了，故障却还是没有被排除，高凤林心里也焦急起来，汗如雨下。

在一旁助阵的总设计师也在尽力掩饰着同样焦急的心情，他宽慰地对高凤林说："高师傅，这道考题可是够难的，这可是国际级的大考呀！"

高凤林自嘲地笑了一下："是呀，看来我今天要栽在这里了！"

虽然嘴上这样说，可高凤林手上却没有丝毫的停滞。他擦拭了一下汗水，稳定了一下自己的思绪，开始做冲刺前的最后准备。如同一个站在110米跨栏起跑线上的运动员，他把身子弯下去，把全身的力量积聚在双脚上，目视着前方整整10个横在跑道上等待跨越的栏架。

夕阳悬挂在天边，仿佛也睁大了眼睛，看着高凤林如何应对这一场大考。余晖把高凤林额头上的汗珠映得亮亮的，那汗珠从他的额头上滚落，一颗颗滴落在地上。

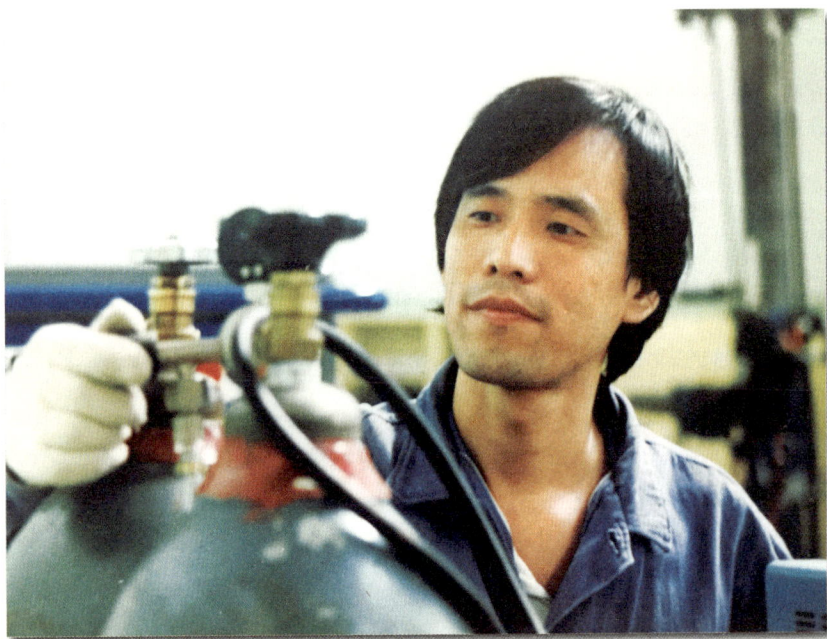

⊙ 2007年，高凤林在进行焊接设备调试

"把工具递给我！"高凤林对身边的助手轻声吩咐道。这一刻，他像极了医院手术台前的主刀，果断地发出各种指令。

高凤林异常冷静地端起焊枪，时间仿佛凝固了一般。只见他小心翼翼地将端着焊枪的手臂缓缓塞进狭小的操作空间……谁也不知道他的手在里面是如何操作的，只听到焊枪发出了"吱吱"的响声，有闪烁的蓝光从缝隙间透了出来。最终，在那个夜晚来临前，高凤林成功地排除了故障。那一刻，连夕阳仿佛也放下心来，露出满意的表情沉进了大山的怀抱。

"可以了吗？"总设计师小声问。

"可以了！"

"成功了？"

"成功了，没有问题！"高凤林信心十足地回答。

总设计师把一条毛巾递给高凤林，而自己却用手在脸上狠狠地抹了一把。总设计师的脸上流淌着滚烫的液体，有汗水，也有泪水。

"高师傅呀，你太厉害了，居然在这样狭小的空间里，在几乎观测不到焊接位置的情况下完成了焊接作业，简直让人难以置信，真是太神奇了！这次大考你绝对得满分呀！"

在场的所有工作人员无不欢欣鼓舞。高凤林凭着高超的技术、不轻言放弃的执着精神，让新型号发动机得以试车成功，更在获得了关键数据后顺利申请了国家立项。后来，动力研究所特别给厂里送来了感谢信。

"在视线盲区进行焊接操作，这真的是一项绝活儿！我们都

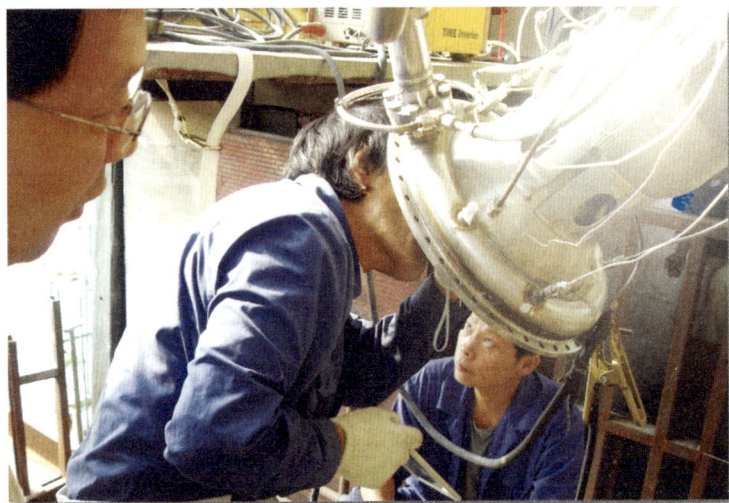

⊙ 2007年，高凤林冒险上发动机试车台排除发动机试车故障

不知道该怎样形容了。"有多年经验的老师傅这样评价道。

后来，人们给这项绝活儿起名为"盲焊"。盲焊，这项让人充满敬意的绝活儿，包含着高凤林独有的时间密码和生命密码。

婉拒台商高薪

在一次又一次出色完成任务的过程中，高凤林也曾多次负伤。但无论面对什么样的艰难险阻、困难伤痛，高凤林从未动摇过自己的信念："航天精神的核心就是爱国，用汗水报效祖国是我的追求。"

"中国航天事业的发展，承载着我们国家和民族的梦想。在火箭升空的那一刻，我想到的是我们手里的焊枪，因为我们的火箭产品大部分是需要焊接来完成的。看到祖国航天事业的发展，我感觉非常自豪、非常幸福。"每当有记者来采访高凤林，他总是这样说。

正是这种自豪和幸福，引领着高凤林一路前行，他用几十年的专注和坚守，创造了别人眼中许许多多个"不可能"，也见证了我们伟大祖国走向航天强国的辉煌历程。当年，当第一台大喷管发动机被成功送上试车台时，这一新型大推力发动机被成功应用时，高凤林还只是个不到三十岁的小伙子，而如今，他已是花甲之年。时间在他的脸上留下了一道道皱纹，如同饱经沧桑的山川沟壑，那里面蕴藏着我国航天事业一步步发展壮大的峥嵘岁月。

高凤林喜欢站在院子里仰起头来一动不动地看着蓝天。

有时候，女儿会问他："爸爸，你看什么呢？"

"看天上的火箭呀。"

"在哪儿呢？我怎么没看到？"女儿的眼睛在天空中巡视了一圈，真的什么也没有呀。

高凤林笑着告诉女儿："这火箭也许用眼睛看不到，但用心能看到！"

是的，仰望天空，高凤林总有一种神圣的荣誉感和成就感。每当看到火箭成功发射，每当看到自己用辛勤汗水打造出的产品穿云破雾去遨游太空，一种激动与兴奋交织的心情便会在高凤林心底油然而生，比香蜜还要甜美，比甘露还要滋润。他的人生价值就是在这样的荣誉感和成就感里得以实现，他对自己的生活状态很满足。

在四十多年的职业生涯中，高凤林面对工作几乎很少说"不"，永远接受挑战、勇挑重担。但有一次是个例外，他给出了拒绝的态度。

那是20世纪90年代中期，211厂接了一个与台商合作的项目——生产钛合金自行车。其生产技术当时在大陆还是一项空白。可订单约定的交货时间又比较紧，台商方面颇为着急。逢山开路，遇水架桥，技术空白的难题难不倒高凤林。他已闯过了大风大浪，眼前的困难只能算是小河中的一朵浪花而已。对于台商眼里的难题，高凤林仅用一天半就攻克了下来，并在四天之内生产出了三台样车。

台商看到后连声赞叹："没想到大陆有如此强的生产能力，佩服！佩服！"台商朝着高凤林竖起了大拇指。

"听说样车的振动试验结果能达到二十多万次，我们原来的设计只要求试验结果达到两万次，这多了十倍呀。真的是太出乎我们的意料了。"台商很受感动，随后就和高凤林攀谈起来。

"祖国改革开放这些年，发展速度实在是太快了，在世界上的影响也越来越大，我们每一个中华儿女都感到骄傲和自豪呀！"台湾同胞说得很真诚，也很实在。他又问高凤林："你们现在的住房怎么样呀？孩子上学方便吗？每月的收入能有多少呀？……"

高凤林都据实以告。

当听到高凤林报出每月工资收入时，台商愣了一下，又重复了一遍那个数字。

"哦，像高师傅这样有着精湛技艺的师傅，不应该挣这么少的钱哟。"台商边说边露出一副很惊讶的表情。

高凤林笑着说："少吗？我已经很满足了。虽然和你们那儿相比，我们的收入可能少一些，但我们的发展速度快着呢。"

台商听了高凤林的话，不再吱声，悄悄地走了。

过了一会儿，那位台湾老板又悄悄地来找高凤林了。他环顾四周后，神秘兮兮地将高凤林拉到一边，小声说："高师傅呀，我有一件重要的事情找您。"

"哦？什么事情这么重要，还搞得这么神秘？"高凤林笑着问。

"我有一个请求，请您到我这里来！"台商说得很诚恳。

"到你那儿？"

"是的，我们虽然是台商，但公司就在大陆，所以如果您来我们这里上班，也不用去台湾。"说完，台商朝高凤林伸出几根手指，"我可以付给您这么多的年薪。"

高凤林看懂了，那几根手指代表的是给他开出的年薪数目，那些钱是他在211厂几年也挣不到的。

见高凤林没有吱声，台商继续说："只要您到我这儿来，我还可以解决您的住房问题，改善一下您家的居住条件，当然了，这些是工资以外的。住一套漂亮的大房子，多舒适呀。"

有房子，还有高工资，这真的是太有诱惑力了。

见高凤林还没有反应，台商以为他动心了，便继续游说："当工人为什么呀，不就是为了多赚钱吗？我理解您，您不好和您的上司说，我可以替您说呀。当然了，您到我这里来，会有更大的发展空间，我们公司的产品都是销往欧美的。您只要来了，每年还会有更多的奖金。这可是一个千载难逢的好机会呀！"

听完了台商的话，高凤林很真诚地表示了感谢："真的很谢谢你，不过不必了。"

高凤林又很动情地说："虽然从生活条件上看，我们现在的工人还有很多的困难，但我们相信，这些都是暂时的，是可以解决的。我们的政府对技术工人越来越重视，工资待遇也在逐年提高。另外，如果没有国家的培养，我也不会有今天的成绩。所以，即便你出再高的薪水，我也离不开我的工厂，离不开我牵挂的祖国的航天事业。"

台商听了高凤林的话，连连点头："高师傅，您说得真好，不图高薪，让我十分感动。我很遗憾您拒绝了我的聘请，但我也愿意交您这样的朋友！"

拒绝台商高薪，向诱人的条件说不，这段往事真实地反映了高凤林朴实高尚的人格品质和坚定不移的家国情怀。这也正符合他自己经常说的话："人要有爱国之心，不能为金钱折腰。人也要有追求，当人生的追求和社会的需要同步时，他的所作所为就能真正体现出自身的价值和人生的意义。"

难忘1997

人类从远古的蛮荒朝着文明蹒跚走来，脚步依稀可见。发明锯子的巧匠鲁班、改良造纸术的蔡伦、赵州桥的设计者李春……他们都是体现中华民族智慧和创造精神的代表。

高凤林身上所体现的，也是我们这个时代尤为宝贵的一种精神——工匠精神。高凤林是这种精神的杰出代表。

什么是工匠精神？工匠精神的内涵是执着专注、精益求精、一丝不苟、追求卓越。从高凤林身上，我们能看到一个时代对工匠精神的弘扬。

1997年是我国航天事业的丰收年。这一年从年初到年底，以"长征"命名的运载火箭接二连三地成功发射，其发射密度是空前的。这些火箭在太原、西昌等卫星发射中心不断地升入太空，在浩瀚的宇宙中书写中国人的自豪。

因为有火箭的运载，一颗颗通信卫星、气象卫星顺利地被送入预定轨道，有规律地运行着。十多亿中国人扬眉吐气，一个自立于世界民族之林的东方大国正在崛起。

这一年，也是航天工人高凤林值得铭记的一年：入选"全国百名青年岗位能手"，荣膺"全国十大能工巧匠"，作为全航天系统最年轻的高级技师多次受到党和国家领导人的接见……

组织上派他去俄罗斯学习，在归来的飞机上，高凤林望着那洁白的云层，思绪万千，心情难以平静。"我获得的这一切，都是党和人民给的。祖国的航天事业给了我一个广阔的发展空间。我不信命，但是我是一个有信仰的人。我要做一个不辜负时代的技术工人，也要做一个主宰自己命运的强者。"高凤林在心里默念着。

后来，高凤林把自己对工匠精神的思索进行了整理总结，好多单位请他去做报告时，他就给人家讲了起来：

"工匠不能少了人的因素，所以'工'和'匠'是不能拆开的，顶天立地为'工'，利器入门为'匠'，其中'斤'又代表工具的刃，在这里又代表先进工具、科学方法、一切创新的模式。要想做好产品，必须琢磨做这个产品的门道，而一切科技创造的发生也都在这个门道里面。

"工匠精神主要包括三个方面：第一，在思想层面，要爱岗敬业、无私奉献。没有对岗位的热爱，没有倾情的投入，没有一种无私奉献的精神、忘我的状态，就没有原动力的产生。

"第二，在行为方面，要持续专注，开拓进取。要持续地前进，持续地进步，持续地在真理领域中驰骋；要以一种不断创新的姿态去审视每天的工作。

"第三，工匠精神的核心是精益求精、追求极致——目标导向或者结果层面的精益求精、追求极致。要把全部精力投注到产品制造过程中。"

高凤林秉承的工匠精神，与"两弹一星"精神、载人航天精神血脉相连。他用创新的理论，将班组价值观、班组学习观、目标管理法等进行了系统化的梳理归纳，形成了一套崭新完整的文化体系。可以说，高凤林班组是中国航天制造业的一面旗帜。

⊙ 高凤林班组交流

第七章　汗荐轩辕，智造神箭

为工匠代言

北戴河位于秦皇岛市西南部。一脉青山，山光积翠；一江碧水，水色含情。夏日的北戴河，在海风的吹拂下，环境变得格外优美。挺拔秀美的联峰山，山色青翠，植被繁茂。尤其是那条银色项链似的北戴河，静静地流淌，蜿蜒入海，仿佛一幅秀美的图画。更让人心旷神怡的是这里漫长的海岸线，沙软潮平，水质良好，盐度适中。这里可谓是游客嬉戏海水，享受海浴、沙浴的理想场所。

大海几度送春风。北戴河敞开它宽广的胸怀，迎来了一批又一批熟悉的客人。

瞧！"航天英雄"杨利伟来了，"产业工人的杰出代表"许振超来了，"飞行校长"李建保来了，"中国第一火车司机"郭智忠来了……不论高级专家，还是高技能人才，这些八方才俊无不在各自的岗位上做出了响当当的成绩。他们是各自领域的优秀代表，他们是人民的骄傲和自豪。党中央、国务院时刻惦念着他们，关心着他们。

2004年的夏天，在走向北戴河的队伍里，出现了一个普通工人的身影。

他就是高凤林。

高凤林拎着一个旅行包，入住在一个宽敞明亮的房间里，窗外就是辽阔的大海。

国家领导人来这里看望前来休假的专家和高技能人才，对他们致以亲切的问候。

"我们请大家来，除了是想让大家好好休息一下之外，还想直接听听大家对各自的领域有哪些好的意见和建议。"在与专家和高技能人才的座谈会上，一位领导亲切地和大家说。

接下来，大家踊跃发言，详细汇报了各自的工作情况，并积极陈述己见。言之切切，听者动容。

高凤林当然也是有备而来的。他是来自基层生产一线的技术工人，长期从事火箭发动机焊接工作。他熟悉工人的生活，也深知他们的甘苦辛酸。

轮到高凤林发言时，他面对领导和各行各业的精英代表们侃侃而谈。他的语言朴素而真诚，如溪流淙淙，清澈见底，而这一切都源于他在基层工作的那汪清泉。有记者把高凤林在北戴河的发言用五个字做了精辟概括：为工匠代言。

是的，"我们的企业要发展进步，就必须首先提高技能人才的社会地位，创新技能人才的培养机制，还要加强技能人才与国际国内专家的交流。这样，我们的工匠才会打开眼界，提升格局，生产出拿到国际市场上也堪称一流的产品"。

饭桌前，树荫下，海滩上……各位专家和高技能人才时而开怀畅谈，时而轻声细语。他们在尽情享受北戴河灿烂阳光的同

⊙ 2004年，高凤林在北戴河休养

时，也将思绪聚集在国家的发展前景和蓝图上。"工匠""大国工匠"，这几个看似简单的汉字，承载着希望一个民族变得更加强盛的浓浓情意。

高凤林为工匠代言，展现出高昂、奋进的姿态，这个形象是用焊枪喷射的蓝光照亮的。高凤林为工匠代言的行为真正引起亿万人民关注的一个重要机缘，应该是中央电视台的一档名为《大国工匠》的专题节目。

"工匠必须有一定的功夫，是吗？"主持人问。

"那是当然喽。"高凤林答。

"您焊接时，如果需要十分钟不能眨眼呢？"

"那我就可以十分钟不眨眼。"

无论是高凤林与记者的对话，还是与现场观众的互动，都给人留下了深刻的印象。

节目播出后，高凤林几乎成了"大国工匠"的代名词，而让他真正高兴的是，社会对技术工人的关注和重视程度再次提升。

"要重视技术工人对我们国家科技发展、社会进步起到的基础支撑作用，只有充分调动技术工人的积极性、创造性，才能早日使我国成为工业强国！"

后来，有很多记者采访高凤林，话题也大都集中在"大国工匠"一词上。高凤林愿意和记者聊自己的想法。为工匠代言，他乐此不疲。他告诉《科技日报》的记者："咱们国家要想彻底改变技术受制于人或落后于人的现状，既要加强创新研究，也要提升产业工人队伍的素质，培养更多大国工匠。"

⊙ 2015年，高凤林参加庆祝"五一"国际劳动节暨表彰全国劳动模范和
　先进工作者大会时留影

他毫不隐瞒自己的担忧："技术工人总量短缺，高技能人才匮乏，是制造大国转型为制造强国面临的痛点。"他宣讲自己多年来关于工匠作用的思索，大声地疾呼：要抓紧培养更多大国工匠，还要弘扬工匠精神，厚植工匠文化。"要让大国工匠激励各行各业的人爱岗敬业、无私奉献。"

许多社会学、经济学的专家学者们，也在高凤林的呼唤下，把研究课题聚集在技术人才和工匠的工作领域中。一系列由此而形成的研究报告相继发表于报端、杂志和网络，给决策者提供了翔实的数据。

"近年来我国技能型人才难求。2019年统计数据显示，我国技能型人才缺口约2000万人。与此同时，虽然我国已成为全世界唯一拥有联合国产业分类中所列全部工业门类的国家，但制造业在全球价值链中仍处于中低端的位置。"

"中国经济要迈上中高端的台阶，劳动者的职业技能首先要迈上中高端的台阶。"

"我国劳动年龄人口占比进入下降阶段，劳动力成本优势逐渐减弱，经济发展要从'向人口要红利'转为'向人才要红利'。"

"再雄厚的资本也必须由人来变成生产力，再先进的技术也需要劳动者付诸实践才能落地。技能人才买不来，必须自己培养。大国工匠是技能人才中的佼佼者，发挥他们的引领示范作用能促进领域内整体技术水平的提升。"

"树立良好社会风尚，工匠精神不可或缺。"

　　"培养大国工匠是否有数量指标可参考？追求数量有失片面。'大国工匠'还没有统一的明确定义。我们认为，面向行业内，大国工匠要在技术上出类拔萃；面向全社会，大国工匠要在精神上起模范作用。"

　　"弘扬工匠精神也有利于全社会形成热爱劳动的氛围。视劳动为光荣，以社会进步为己任，这是国家发展的重要动力，也是和平年代个人追求幸福生活的前提。"

　　为工匠代言，高凤林说了太多的肺腑之言、经验之谈。

参加国际发明展

　　有人说，高凤林是幸运的，因为他登上了焊接事业的顶峰。其实，真正的幸运并不是逢山有路、遇水有桥，而是努力后有所得，坚持后有收获。高凤林一路走来，都是伴随着汗水的流淌，才练就了出神入化的"神技天焊"。

　　焊工，作为很多工厂都有的工种，人们对它并不陌生。但是，人们不知道，像高凤林所从事的这种特殊的焊接工作，想要达到合格这一基本要求都是很难的。

　　很多资料显示：在早期，培养一名氩弧焊工的成本堪比培养一名飞行员。要焊接被称为火箭"心脏"的发动机，则对焊接工作的稳定性、协调性有着更高的要求。

当年，高凤林到技校学习的时候，技校的一位老师曾说过这样的话来激励同学们："你们当中将来谁要能焊接火箭发动机，那就是英雄。"

那个时候，谁也没有想到，这个"英雄"的称号最终会落在高凤林的头上。

后来，他拿起焊枪，把自己的根牢牢扎在了焊接岗位上。三十八岁时，高凤林已成为航天特级技师。

一名工匠只要努力钻研自己的业务本领，终将会受到人们的尊敬和爱戴。

北宋大文学家欧阳修曾有一篇题为《卖油翁》的短文，文中描写了一位卖油的老者"取一葫芦置于地，以钱覆其口，徐以杓酌油沥之，自钱孔入，而钱不湿"的精彩画面，然后借主人公之口说出"我亦无他，惟手熟尔"。

高凤林深知，一名出色的焊接工人若想"手熟"，没有捷径可走，唯有苦练。所以，他吃饭时，拿着筷子练"送丝"；喝水时，端着盛满水的杯子练稳定性；休息时，举着铁块练耐力……他甚至冒着高温观察铁水的流动规律，练就了"不眨眼"的功夫。

火箭上有的焊点的宽度仅为0.16毫米，完成焊接允许的时间误差不能超过0.1秒。为了不放过"一眨眼"的工夫，他硬是练就了"如果这道工序需要10分钟不眨眼，那我就能10分钟不眨眼"的绝技！

20世纪八九十年代，在"长二捆"整箭振动塔的焊接操作中，由于高凤林长时间在高温环境下工作，手上留下的伤疤至今仍可看见。

放眼国际市场，在精密机械加工制造领域，许多国家走在了我们的前面。如何寻找机会借鉴他们的经验，打开我们的视野，这是高凤林思考已久的问题。

2014年初，高凤林终于有了这样一个机会。第66届德国纽伦堡国际发明展即将举办，展览会给我国相关部门发来了邀请函。这个消息让高凤林格外激动，经过反复研讨论证，他提出了想要去参展的请求。

上级批准了请求，于是高凤林赶紧按要求准备参展材料。刚开始，他报送的是火箭发动机喷管及泵前阀异种金属关键组件焊接工艺；后来，考虑到发明展上的发明涉及领域广泛，他又增报了一项在民用产品领域的焊接发明成果——钛合金自行车架焊接工艺。最后，他又增加了一项发明。

德国纽伦堡国际发明展为全球首创、历史最悠久的创意商展，因其评审公正，规模宏大，参展者踊跃，在国际上享有很高的声誉。

"welding（焊接）"这个高凤林非常熟悉的单词，将他与遥远的纽伦堡联系在了一起。这次盛会，既是世界发明成果的集中展示，也是一次高手云集的"华山论剑"。谁如果没有独步天下的盖世绝活，到那个平台上或许就是自取其辱。

高凤林反复审视着自己将要带到这个展会上的发明成果，这些是自己多少年来用心血浸润的花朵，能否在国际的展会上绽放异彩，说实在话，他的心里也并没有把握。尽管多年来，高凤林始终在密切关注着国际市场，对焊接方面的每一点细微的进步，他都进行过认真的研究。

"怕什么！好东西总会被人发现的，自己的发明不能在国际舞台上被认可，那就不是我们中国工匠愿意看到的。"

想到这儿，高凤林有了信心，他轻轻地笑了一下，自嘲地鼓励自己："我们带去的这几件发明，都体现了高深莫测的'神功'呀，华山论剑，当显英雄本色！"

2014年底，高凤林登上了飞往德国的航班，他带着自己的3项发明成果远赴德国纽伦堡，与来自世界各地的600余项发明成果一决高下。所有的发明成果都要经过评委严格公正的评选。

高凤林的亲人们安慰他："凤林，能去参加国际发明展会，那就是胜利了，要是能拿一个银奖或者铜奖，咱也该心满意足了！"

第66届德国纽伦堡国际发明展的评选结果终于公布了。整个发明展共颁发了39个金奖，而高凤林带去的3项发明全部成功摘金，这在发明展历史上也是罕见的！

喜讯传来，厂里一片欢腾。

"这个奖真的是太有含金量了，高凤林为祖国争光了！"

"是啊，纽伦堡国际发明展是世界上重要的发明展，也是历史最悠久的发明展，高凤林一人拿了3个金奖，真是太了不起了！"

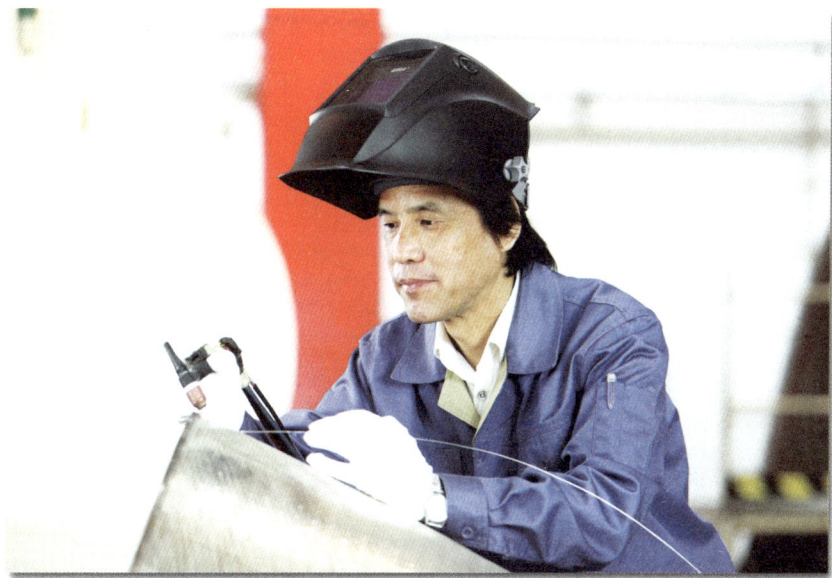

⊙ 2015年，高凤林在焊接长征五号芯二级发动机喷管

创新工作室

从古至今，人类历史上所有的文明成果，都是靠劳动取得的。人离不开劳动。劳动需要付出时间、体力、汗水，耕耘才有收获，付出才有回报。

虽然高凤林凭着自己的劳动创新和丰硕成果，实现了梦想，赢得了社会的尊重，获得了荣誉，但他始终没有停止对劳动，特别是对创造性劳动的思索和追求。他一直想用大国工匠的旗帜，把更多的人集合到劳动创造、劳动创新的队伍中。

高凤林总是喜欢结合自己的本职工作去联想更深层的东西。"我打算成立一个研究劳动创新的工作室。如果有了这个工作室，我就又多了一块阵地，能团结更多的工友，能带动更多的青年朋友，让大家走出一条劳动创新的路子来。"

厂领导对高凤林的想法给予了高度的支持："好啊。要干，咱们就大张旗鼓地干，打出你这张'大国工匠'的名片，壮大队伍，开拓创新。"

2014年，高凤林从德国回国后不久，就将一块闪着金光的门牌——高凤林劳模创新工作室，挂在了211厂的一间办公室门前。

工作室很快得到了中华全国总工会（后简称为"全总"）的

关注和支持，全总以文件的形式授予高凤林班组为"全国示范性劳模和工匠人才创新工作室"。

2017年五四青年节，全总机关党委组织全机关的青年们来到高凤林劳模创新工作室参观学习，让大家感受大国航天工匠的工作内容。

高凤林刚参加工作时，人们喊他小高、凤林。这一年的高凤林已经年过五旬，在年轻人的眼睛里，他早已成为大叔大伯辈分的长者了。

高凤林喜欢和年轻人一起聊天，因为他觉得，中国要想成为一个真正的创造性强国，需要有更多的大国工匠，而希望都在年轻人身上。

年轻人有着强烈的好奇心，他们也向自己的偶像提了好多问题。这些问题，有的涉及高凤林的兴趣爱好，有的涉及他的成长经历，还有的涉及他的人生观、价值观。高凤林来者不拒，都一一作了回答：

问：您最恐惧的是什么？

高凤林：如果一段时间没有进步，我就会觉得恐惧，因为没有进步就意味着倒退，就可能被淘汰。

问：您最钦佩谁？

高凤林：航天领域我最钦佩的人是钱学森。

问：您最看重一个人的什么特点或品质？

高凤林：责任和诚信。

问：您最珍惜的财产是什么？

高凤林：书本。我有很多以前买的老书，都舍不得扔。很多的知识点常看常新。

问：您最希望拥有什么超能力？

高凤林：精力超群。如果我可以不吃饭、不睡觉，那可以多干多少事啊！时间都去哪儿了！

问：您最羡慕的职业是什么？

高凤林：宇航员。能到太空去看看，见识更大的世界，多好！

问：您最后悔的事情是什么？

高凤林：是在学习方面。我觉得一个人还是应该经过系统完整的学习以后再进入社会，尽管我后来用了9年的时间去弥补之前学业的缺失，但这一过程是很艰难的。

问：您最爱的人是谁？

高凤林：是我的家人，父母、妻子、女儿。当然，我也爱我们的航天团队。

问：如果能选择的话，您希望让什么重现？

高凤林：如果可以选择，我希望让自己的人生重新来一次，尝试做一些以往没有做过的事。

问：您的座右铭是什么？

高凤林：还真没有认真总结过。应该是求实、求真吧。

一问一答，看似简单的对话，折射出高凤林朴素的人生追求和

⊙ 2017年，高凤林参加中工网工匠精神论坛拍摄活动

价值观。他和青年朋友反复说的一句话就是：先做人，后做事。

"请朋友们记住，人的'质量'（品质）决定产品质量。任何先进设备都是人的能力的延伸，都需要人的控制。我们做任何工作，都需要长期的专注和投入。"

然后，他领着青年朋友们来到窗前，朝着远方动情地说："我热爱我的岗位，对我来说，戴上面罩，拿起焊枪，就意味着进入了一种状态，必须心无杂念。每个团队、个体都要对用户、对产品负责，同时不断掌握前沿科技，总结起来就是诚信加科技投入。我希望，有一天咱们国家的产品能成为世界的No.1！"

高凤林劳模创新工作室的影响力在不断扩大，其散发的理想光芒和燃烧的青春火焰，吸引着越来越多的年轻人。

高凤林劳模创新工作室传承工匠精神，培养工匠群体。工作室成功确立了以塑物、塑人、塑文化为主线的工作思路，坚持通过物质环境的打造，达到人文素养的提升，再到思想层面、价值理念的进一步趋同。

作为劳模创新工作室的带头人，高凤林在出模式、出成果、出人才、出经验方面充分发挥了典型示范和引领带动的作用。

据统计，自成立以来，高凤林劳模创新工作室及其班组，已经与航天系统内外三十余个班组结对共建，开展了多种交流与合作，完成了航天发动机焊接研制等二十多项重大科研课题，接待了多期全国优秀班组长培训班的学员以及来自中国商飞、中国电科、首钢集团等近二百家兄弟单位的参访人员。

一个人事业上的成功纵然有多种原因，但高凤林认为，有两

⊙ 上图　高凤林（前排右五）国家级技能大师工作室成员合影（2012年）

⊙ 下图　高凤林（右一）班组核心成员合影（2016年）

个因素至关重要：一个是领导的支持，另一个是自己的底蕴。多年来，211厂的领导们像辛勤的园丁般栽培着一棵棵幼苗，看着他们长成大树。龙总、袁总、黄总、陈总……每当高凤林提起培养、支持过自己的这些老领导们，他的眼中总会泛起晶莹的泪光。他像当年在学校里学习讲故事似的，模仿着老领导们讲话的语气和姿态，力求也像他们当年栽培自己一样，鼓励和支持眼前的这些年轻人。

"关键时刻，年轻人，你们要记住，不要害怕，大胆去干！"

"真理面前人人平等，实践是检验真理的唯一标准！你们只要好好干，出了问题，我来扛！"

"我们就是要给技术人才的成长搭台子。即使失败了，你们也不要怕！"

心中有大爱

"没有理论的实践，做不到高端；没有实践的理论，也走不长远。"这是高凤林受邀到各地讲课时常说的一句话。他是一个善于学习的人，也是一个善于将理论和实践结合在一起的人，他的行为也影响着身边的人。

人们走进高凤林的工作室，会发现这里布置得如同一个小型

⊙ 上图 高凤林（右二）国家级技能大师工作室成员工作交流
⊙ 下图 高凤林（居中）国家级技能大师工作室日常指导交流会议

的图书馆，整墙的书架上不仅摆满了各种与焊接相关的专业书籍，还有古今中外的各种名著。这个工作室真可称得上知识的海洋。

高凤林给身边的年轻人传授经验时毫无保留、悉心教诲，以自己的一言一行影响着他们。高凤林不仅自己会干，还能将方法写出来指导别人干。如今，他已撰写图书3部，与别人合著图书3部，发表论文43篇，取得发明专利26项，每年授课超过120课时，听众数达10万人次。

除了工作任务外，高凤林还有很多社会活动：受有关部门邀请进行工匠精神交流，参加"大国工匠进校园""海峡两岸职工创新成果展"等活动，积极弘扬劳模精神、劳动精神、工匠精神。他应邀为小学生讲公益课，给孩子们普及航天知识；他走进大学课堂，给大学生们讲解航天知识、宣传航天文化；他参加焊接协会举办的交流活动，为推动焊接行业的发展贡献力量……

他说，这是一种责任。

高凤林就是这样一个有着强烈责任感的人。他回想自己年轻时，有一次为了解决一个国家"七五"攻关项目涉及的熔焊难题，有半年的时间，他每天都趴在产品上，一趴就是几个小时，被同事们戏称为"跟产品结婚的人"。

说起婚姻，高凤林并没有因为痴迷工作而忽略了家庭。恰恰相反，他认为自己的婚姻是一段值得一生回味的浪漫史。

高凤林年轻时因为忙于工作和学习，无暇顾及自己的婚姻大事。领导们看在眼里，急在心上。于是有一次，领导在全车间的

⊙ 1997年，高凤林和妻子、女儿参加庆祝香港回归活动留影

大会上宣布："我们有的同志为了工作顾不上找对象，我要给他介绍，大家也要帮忙，有介绍成的，我给予奖励。"

这里说的"有的同志"，指的就是高凤林。

很快，在厂领导、车间领导以及热心同事们的共同努力下，高凤林与一位漂亮贤惠的姑娘相识了。两个人对彼此都很满意，经过一段时间的相处，感情迅速升温，他们很快就恩爱难舍，准备谈婚论嫁了。

要结婚就要有个住的地方呀。

又是组织上出面，帮助他解决了住房问题。虽然条件一般，但在北京寸土寸金的地方，有一处完全属于自己的独立居所是非常困难的，再简陋的小屋在他们夫妇眼中也是幸福的港湾。高凤林对这一切非常满足，但他很少向外吐露内心的情感。他把情感都化为燃烧的热情，投入焊接工作。

高凤林与未婚妻恋爱时，恰逢一个新项目在攻关，他天天加班到晚上八九点，星期天也不休息。约会的时间定了，失约的总是他。好不容易两个人见面了，甜言蜜语还没开头呢，高凤林就唠起了厂里的焊接工作……好在未婚妻是一个通情达理、善解人意的姑娘，她用实际行动支持着高凤林的工作，成了他事业的坚强后盾。

结婚，生孩子……人生大事一件件发生着。高凤林在工作之余尽量抽出时间陪着妻子。他们俩领着孩子，踏着初雪在林间小路上漫步的身影，是厂子里一道令人羡慕的风景线。

高凤林爱岗敬业，妻子孝敬婆婆。妻子知道公公早年离世，

⊙ 2006年，高凤林全家合影

婆婆吃了太多的苦，她主动把家里的重担扛在自己的肩上，任劳任怨。

每当想起妻子的付出，高凤林都有一种深深的愧疚感。对于母亲的养育之恩、妻子的尽心竭力之情，他只能用丰硕的工作成果来报答、感谢她们。

高凤林有一个女儿，不过作为工人，他并没有太多的时间陪伴孩子玩耍。所以平时接送孩子放学上学，就成了父女间难得的相处机会。女儿上幼儿园时，只要高凤林去接，女儿都会蹦起来大叫："爸爸接我来了，爸爸接我来了！"然后扑到他怀里。这样的举动让幼儿园的阿姨都吓了一跳。阿姨感到很奇怪：这孩子今天怎么这么高兴？她扭头看见是高凤林来接孩子了，才恍然大悟，开玩笑地说："哦，原来是稀客来了啊。"

高凤林对母亲的爱，更是源于内心。母亲教儿时的他蒸馒头的情景，几十年过去了，他依然记忆犹新。只是岁月不饶人呀，母亲在不知不觉中变老了，那一头青丝早已换成了满头银发。

一次，母亲不慎烫伤了双脚，高凤林心疼得不得了。脚受伤了，吃午饭就成了问题。那段时间，高凤林每天都利用午休时间，急匆匆地到单位食堂给母亲打了饭菜送回家去。母亲却说："凤林呀，别管我，你们单位忙，那是正事，你快回厂子吧。"

那一刻，高凤林什么话也说不出来。离开前，他打来一盆温水，对母亲说："我给您洗把脸吧，等发射的事忙完了，我一定天天守着您。"

高凤林是一个非常勤快的人，能干活儿，也会干活儿。一个

⊙ 2019年，高凤林作为道德模范代表向全国人民祝贺新年

能焊接火箭的人，在生活中也是无所不能的一把好手。

后来，他出名了，成了总上电视的名人，可是身边的邻居们还是拿他当亲人一样。谁家有个大事小情，他能帮忙就帮忙。遇到谁有困难了，他和妻子总是默默地给予人家帮助，能出钱就出些钱，能出力就出点儿力。

良好的家风，薪火相传。高凤林的女儿也学习父母的样子，为人诚恳，做事认真，乐于助人。女儿从读小学到读中学，从考高中到考大学，都没用家长操心。在学业最紧张的时候，女儿回到家里也总是主动帮着大人打扫房间、做饭、洗碗。

高凤林不仅拥有成功的事业，还有幸福的家庭。

逢年过节，一大家子人团聚在一起，高凤林总是喜欢给大家露一手自己的厨艺。他用那双拿焊枪的手，端起炒勺，煎炒烹炸，一会儿就搞出一大桌子的菜。那些菜色味俱佳，馋得人直流口水。

高凤林是一个心中有大爱的人，爱祖国，爱自己的事业，也爱父母，爱妻子，爱女儿。有爱的人，就有力量，有希望。有爱心，也是一个大国工匠必备的品质。

尾声　大国工匠为民族筑梦

2022年3月的北京，颐和园里的玉兰花开始绽放，向着蓝色天空吐出自己积攒了一冬的芬芳。在这个春天到来的时候，高凤林也迎来了自己的花甲之年。

时间过得真快呀，当年刚参加工作的情景仿佛就在昨天。

他的耳畔响起了师傅的话，那是他第一天走进工厂车间时师傅轻声说的，"凤林呀，你要尊重你的工作对象"，这句话让高凤林终生难忘。

如今，高凤林也早已成了师傅，师傅带徒弟，徒弟成师傅，一代又一代的人就是这样成长着，传承着。他对自己的徒弟们说："我最希望你们学到的还是对做人的理解，对事业的专注、投入、执着，以及时刻准备吃苦的精神，我们只有不断奋斗、追求极致，才能不断获得成长。"

高凤林一生的奋斗、成绩、荣誉，都是用手中的焊枪书写和获得的：

2005年，高凤林所在的班组被中国国防邮电工会和中国航天科技集团有限公司联合命名为"高凤林班组"，成为航天一院首个以个人名字命名的班组。

2011年，中华人民共和国人力资源和社会保障部以高凤林的名字，命名了国家级技能大师工作室，这是首批50个国家级技能大师工作室之一。

2015年，高凤林被评为全国劳动模范。

2016年，高凤林获得了第二届中国质量奖。这一奖项是由我国政府部门组织评选的最高质量类奖项，具有权威性和公正性。

2017年，高凤林被评为全国道德模范。表彰大会那天，他站在队伍的第一排。习近平总书记与高凤林握手，并给予他鼓励。同年，高凤林荣获"北京榜样年度人物"。

2018年10月，中国工会第十七次全国代表大会在北京召开，高凤林当选为中华全国总工会兼职副主席。坐在主席台上，高凤林的背挺得笔直。他知道，这个位置不仅属于他，更属于成千上万的技术工人。同年，高凤林被评为全国首届"大国工匠年度人物"。站在领奖台上，他说："报效祖国是我的终身追求。"

2019年9月25日，"最美奋斗者"表彰大会在北京人民大会堂举行。高凤林与很多新中国成立以来为国家做出突出贡献的人物站在一起接受表彰，他的脸上洋溢着幸福的笑容。

2020年7月23日，高凤林作为特邀代表，在指挥大厅见证了天问一号探测器发射的全过程。运载这个探测器的火箭的发动机就是高凤林和他的同事们共同焊接的。

2023年10月，中国工会第十八次全国代表大会在北京召开，高凤林再次当选为中华全国总工会兼职副主席。坐在主席台上的

⊙ 上图　2019年，高凤林获得"最美奋斗者"荣誉时留影
⊙ 下图　2019年12月27日，高凤林在海南文昌发射基地留影

⊙ 2019年，高凤林参加庆祝新中国成立70周年活动

高凤林从代表们信任的目光中，感到了自己肩负的责任重大，使命光荣，他对工会工作的推进和发展充满了信心。

高凤林获得的荣誉太多了，他获得的国家级、省部级荣誉，加起来已经超过一百项。

高凤林的工作室，有一扇特殊的大门。那是一扇被岁月的风雨侵蚀得有些破旧的木制大门，门上的木板龟裂出道道细缝，被生锈的金属器固定在一起，显示出一种久远的年代感，沧桑而沉重。

"我们的工厂这些年发生了翻天覆地的变化，新型材料的厂房到处可见。只是这扇木大门，按照我们火箭院领导的意见，必须保留下来。它时刻提醒我们不忘初心，不丢掉艰苦奋斗的传统。"

这扇木制的大门，伴随了高凤林四十多年的奋斗岁月。它是历史的见证，更是一本昭示后人的教科书。

高凤林国家级技能大师工作室，在中华人民共和国人力资源和社会保障部、中国航天科技集团有限公司第一研究院领导的大力支持下，有条不紊地开展高技能人才培训基地的建设工作，从培养模式、课程设置、师资配备等方面积累高技能人才的培训经验，实现高技能人才规模化培训。

工作室主攻焊接加工专业，汇聚了众多优秀的高技能人才，其中特级技师4人，高级技师3人，技师3人，工艺专家6人，技术人员5人。依据技能培训职责，工作室组建了工艺专家组、技术研究组、科研生产组以及技能培训组。高凤林作为工作室的负责人，主要负责制定工作室的管理制度，审定工作室的年度工作计划，确定工作室人员的培训计划，协调工作室与校企的交流活动

⊙ 2019年，高凤林参加录制《"大国工匠2018年度人物"颁奖典礼》

等。依据管理制度，工作室对新入职员工进行培训，通过传、帮、带，实现绝技绝活儿首先在工作室内部成员中传承，提升成员的技术技能水平，并通过培训基地大力培训青年技术技能骨干。

高凤林一步一个脚印，用自己实实在在的行动证明，在平凡的岗位上一样可以创造出不平凡的成绩。他践行工匠精神，对产品精雕细琢、精益求精，为国防和航天科技现代化做出了杰出贡献。

关于大国工匠高凤林的成长故事就要讲完了，但奋斗者高凤林的创新故事还在发生。时光匆匆，当年意气风发的青年如今已年过花甲，但"革命人永远是年轻"，奋斗可以让人永葆年轻状态，永远朝气蓬勃。如今，我们看到的高凤林，还一如既往地保持着阳光向上的激情，保持着持续奋斗的劲头，一直大踏步地向前走着。

　　突破极限精度，将龙的轨迹划入太空；破解20载难题，让中国繁星映亮苍穹。焊花闪烁，岁月寒暑，高凤林，为火箭铸"心"，为民族筑梦。
　　——《"大国工匠2018年度人物"颁奖典礼》颁奖词